北大记忆

胡适与北京大学

邹新明 编著

北京大学出版社
PEKING UNIVERSITY PRESS

图书在版编目（CIP）数据

胡适与北京大学 / 邹新明编著 . — 北京：北京大学出版社，2018.7
（北大记忆）
ISBN 978-7-301-29536-6

Ⅰ. ①胡… Ⅱ. ①邹… Ⅲ. ①胡适（1891—1962）— 生平事迹 ②北京大学—校史 Ⅳ. ① K825.4 ② G649.281

中国版本图书馆 CIP 数据核字 (2018) 第 099817 号

书　　　名	胡适与北京大学 HUSHI YU BEIJING DAXUE
著作责任者	邹新明　编著
责任编辑	李冶威
标准书号	ISBN 978-7-301-29536-6
出版发行	北京大学出版社
地　　　址	北京市海淀区成府路 205 号　100871
网　　　址	http://www.pup.cn　　新浪微博：@北京大学出版社
电子信箱	pkupw@qq.com
电　　　话	邮购部 62752015　发行部 62750672　编辑部 62750883
印　刷　者	天津联城印刷有限公司
经　销　者	新华书店
	660 毫米 ×960 毫米　16 开　15.5 印张　150 千字 2018 年 7 月第 1 版　2018 年 7 月第 1 次印刷
定　　　价	118.00 元（精装）

未经许可，不得以任何方式复制或抄袭本书之部分或全部内容。
版权所有，侵权必究
举报电话：010-62752024　电子信箱：fd@pup.pku.edu.cn
图书如有印装质量问题，请与出版部联系，电话：010-62756370

目 录

如今我们已回来，你们请看分晓罢

　　——年轻的北大教授（1917—1926）　3

北大中兴的"参谋"与功臣（1930—1937）　101

苦撑危局的北大校长（1946—1948）　179

"我虽在远，决不忘掉北大"　222

胡适生平著作年表　229

后　记　244

胡适 1933 年题赠毛子水的照片。

1917年6月中旬，胡适结束七年留美生活，踏上归国之旅，7月10日到达上海。9月10日，胡适到北京，从此与北京大学结下不解之缘。

　　胡适一生三度执教北京大学。正是在北大，他在学术思想界的领军地位得以最终确立，也正是在这里，胡适"再造文明"的理想得以付诸实践。同时，胡适以其对北京大学这一中国最高学府的地位作用的远见卓识，以其对高等教育发展的高瞻远瞩，积极推动北京大学的改革、学术研究和学科发展，在北京大学辉煌灿烂的校史上留下了精彩的一笔。（图01）

01　胡适 1914 年留影。

如今我们已回来，你们请看分晓罢

——年轻的北大教授（1917—1926）

1917年3月8日，即将回国的胡适偶读19世纪英国牛津运动发起人纽曼引《荷马史诗》中的诗句"You Shall know the difference now that we are back again"，译作"如今我们已回来，你们请看分晓罢"，（图02）认为此语可作为"留学生之先锋旗"。这两句话也可以看作归国之初的胡适的心情写照。当时的胡适，可谓踌躇满志，一方面因提倡文学革命而"暴得大名"，一方面因陈独秀的推荐而被蔡元培校长聘为北京大学的年轻教授。

（一）蔡元培校长改革北大的得力助手

胡适回国后，曾对上海的书店和故乡教育等进行了考察，他于1918年1月在《新青年》上发表《归国杂感》一文，表达了对离别七年的祖国的失望："七年没见面的中国还是七年前的老相识！"文中说自己刚回到上海时，朋友请他到大舞台看

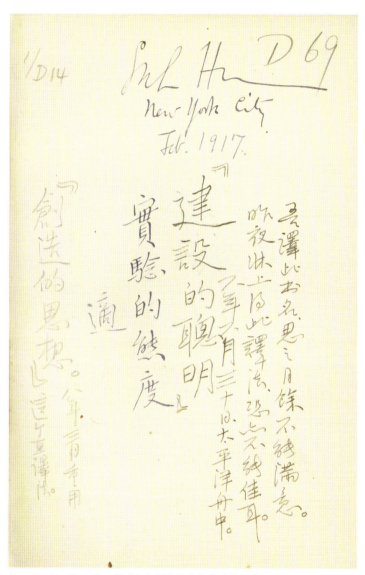

02　1917年6月30日，胡适在归国的船上读杜威等人著 *Creative Intelligence* 一书，斟酌书名的译法，表明回国途中的胡适还在考虑"输入学理"的问题。

戏,出来后胡适对朋友说,"这个大舞台真正是中国的一个绝妙的缩本模型。"外表装饰都变了,但演戏的"没有一个不是二十年前的旧古董"。(图03)

刚到北大之初,胡适对北大也很失望,10月6日,他在给好友许怡荪的信中说:"适来京二十余日,于大学之内容仅窥见一二,已足使我大失望。"又说"文科之腐败更不堪言",并指出了课程设置、教员聘用等方面的一些问题。不过他也认为:"大学事,亦非一朝夕所能转移,当假以时日。"(图04)

正是由于对当时北大和国内现状的不满,使胡适积极支持蔡元培校长主持的北大改革,并为文科学长陈独秀出谋划策。但胡适毕竟是个新人,刚到北大还是有所顾忌,不能锋芒毕露,所以他说:"入校后虽稍稍助独秀有所更张,然颇避嫌疑,一切事不敢插身向前。"当时胡适给校方的建议也只有一条,就是组织各门教授会,并获得北大校评议会的通过。(图05)

胡适到北大后,很快得到了蔡元培校长的信任,并被委以各种学术和管理职务,成为蔡元培倚重的改革北大的得力助手。(图06)

1917年12月,胡适被任命为新成立的哲学门研究所(又称哲学研究所,北大各门设研究所,也出自胡适的建议)主任,胡适在家书中说,因为研究所是初次创办,"故事务甚繁"。次年3月,出任英文部教授会主任,胡适在1918年清明节的家书中说:"我是英文部的主任,夏间大学的招考,我不能不到。"9

歸國雜感

胡適

我在美國動身的時候，有許多朋友對我道：「密斯忒胡，你和中國別了七個足年了，這七年之中，中國已經革了三次的命，朝代也換了幾個，前的老大帝國了。」我笑著對他們說道：「列位不用替我擔憂，我們中國正恐怕進步太快，我們回去認舊相識呢。」

這話並不是戲言，乃是真話。我每勸人回國時莫存太希望。希望越大，失望越大。所以我自己回國去，並不曾懷什麼大希望。果然船到了橫濱，便聽得張勳復辟的消息。如今在中國已住了四個月了，所見所聞果然不出我所料。七年沒見面的中國還是七年前的老相識！到上海的時候有一天，有一位朋友拉我到大舞台去看戲。我走進去坐了兩點鐘出來的時候對我的朋友說道：「這個大舞台眞是中國的一個絕妙的縮本模型，你看這大舞台三個字豈不是洋房裏面的座位和戲台上的布景裝潢又豈不是西洋新式？但是做戲的人都不過是趙如泉、沈韻秋、萬盞燈、何家聲、金壽這些人。一個不是二十年前的舊古董！我十三年到上海的時候，他們已成了老腳色了。如今又隔了十三年了，卻還是他們在台上撐場面。這十三年造出來的新角色都到那裏去了呢？你再那台上做的舉鼎觀畫那祖先堂上的布景豈不狠完備只是那小薛蛟拿了那老頭兒的書信就此跨馬

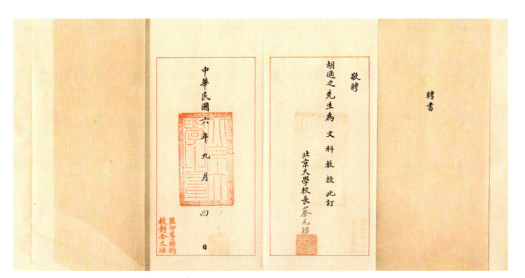

04　胡适1917年北大文科教授聘书。原件藏中国社会科学院近代史所档案馆。

05　胡适1921年留影。原件藏中国社会科学院近代史所档案馆。

06　1920年3月14日，蒋梦麟、蔡元培、胡适、李大钊（从左至右）合影于北京西山。原件藏中国社会科学院近代史所档案馆。

月，改任英文门研究所（又称英文研究所）主任。1919年底，任北大组织委员会委员。（图07）1920年10月，受聘为北大预算委员会和聘任委员会委员、出版委员会委员长。胡适1919年底曾代理北大教务长两个月，次年4月25日，胡适正式当选。次日，胡适给蔡元培写了封长信，从个人研究和大学管理两方面说明辞去教务长的原因。（图08）4月28日，蔡元培为此事召集专门会议，最后胡适"暂时答应"，同年12月因病辞去教务长之职。

北大评议会是北大的最高权力机构，胡适1918年10月首次当选北大评议会评议员，此后基本连任。北大档案馆所存"北大评议会记录"不仅有胡适手录的记录，也有很多胡适为北大发展提出积极建议和意见的记录。（图09、图10）

胡适曾起草《北京大学国学院规程草案》，（图11）为后来北大研究所国学门这一研究国学的著名机构的建立运筹帷幄。1922年2月28日，北大研究所国学门召开第一次会议，（图12）胡适被推举为《奖学金章程》起草人及国学门杂志主任编辑。1922年3月，胡适曾为北大拟定"学术上的组织"。

初次任职北大的胡适，为北大报刊和学术著作的出版做出了重大贡献。由于他的建议，《北大日刊》于1917年11月16日创刊，成为了解北大学术动态和组织沿革的重要窗口。（图13）1918年9月30日，在北大各研究所主任会上，议决出版《北京大学月刊》，由各所主任轮流编辑，胡适以英文研

07　1919年11月7日,《北大日刊》刊登的"评议会纪事"中关于胡适当选为北大组织委员会委员的记录。

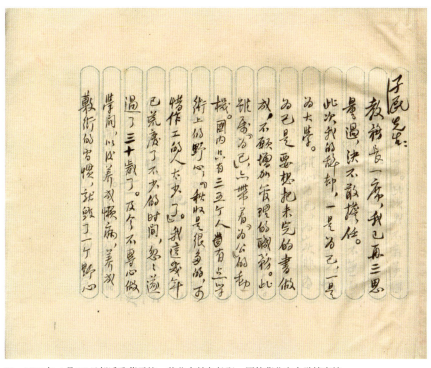

08　1922年4月26日胡适致蔡元培,辞北大教务长职。原件藏北京大学档案馆。

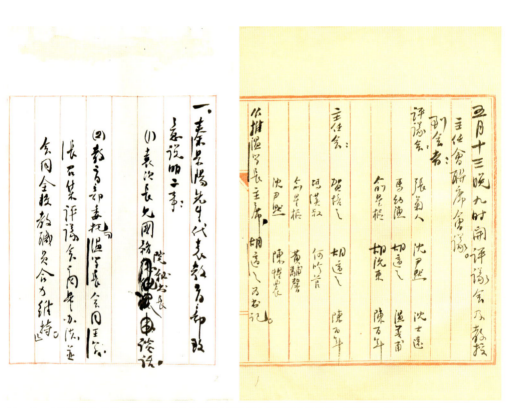

09—10　1919年5月13日，胡适记录的北大评议会及教授主任联席会议记录。原件藏北京大学档案馆。

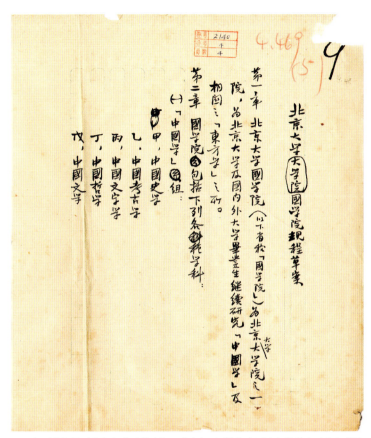

11　胡适草拟的《北京大学国学院规程草案》。原件藏中国社会科学院近代史所档案馆。

12　1924年9月,胡适与北大研究所国学门同人合影。前排左起:董作宾、陈垣、朱希祖、蒋梦麟、黄文弼;二排左起:孙伏园、顾颉刚、马衡、沈兼士、胡鸣盛;三排左二为胡适。原件藏中国社会科学院近代史所档案馆。

国学门研究所

如今我们已回来，你们请看分晓罢

13　1924年1月5日的《北大日刊》。

究所主任的身份负责编辑4月份的《北京大学月刊》。（图14）1922年3月16日，胡适参加《北京大学月刊》编辑部会议，会议决定废止月刊，另出四个季刊：《国学季刊》《文艺季刊》《自然科学季刊》《社会科学季刊》，其中《国学季刊》由胡适负责。（图15）3月21日，胡适主持《国学季刊》编辑部开会，决定该刊采用横排，做英文提要，当时在国内属于首创。（图16）胡适任北大出版委员会委员长后，积极筹划北大的学术出版。1922

14　胡适主编的《北京大学月刊》第1卷第4号封面。　　15　《国学季刊》第1卷第1号。

16　胡适与《国学季刊》编委会成员合影。左起：徐炳昶、沈兼士、马衡、胡适、顾颉刚、朱希祖、陈垣。原件藏中国社会科学院近代史所档案馆。

如今我们已回来,你们请看分晓罢

年3月8日，他召集出版委员会，讨论了出版几部书，以及计划出版三种丛书：《北京大学丛书》（英文类）、《北京大学国故丛书》《北京大学国故小丛书》。胡适在日记中认为，这些出版会"为将来开无数法门"。

1917年10月，刚到北大不久的胡适就参加了教育部改订大学章程的讨论，他的关于废除现行分年级制采用"选科制"的建议被采纳，胡适并参与具体章程的拟订。北大于1919年正式改用选科制和分系法，其中也有胡适的推动作用。

1921年9月25日，胡适给蔡元培校长写了一封长信，谈自己关于北大改良的看法。信中主要谈了预科改良问题，胡适认为应明确规定预科毕业的标准，建议举办"实验班"，来验证预科毕业的标准程度能否在一年内完成，并对非实验班预科新生提出整顿方法。（图17）

1922年10月7日，他在北大教务会议上提出一个议案："本科各系学生之第一外国语，此后不限定必修单位；但每人于毕业之前，须经过一次外国语特别考试，要须能以中西文为正确的互译；不及格者，不得毕业。"此项提议获得通过。（图18）

胡适还是北大招收女生的积极推动者。1919年10月15日，胡适在《少年中国》上发表《大学开女禁的问题》，（图19）提出开女禁的理想步骤是：第一，大学聘请有学问的中外女教授；第二，大学先收女子旁听生；第三，研究现行女子学制，改革课程。在蔡元培校长的主持下，北大于1920年春开始招收

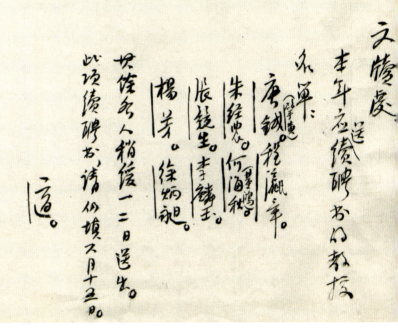

17　1921年，胡适致北大文牍处，开具应送聘书教授名单。原件藏北京大学档案馆。

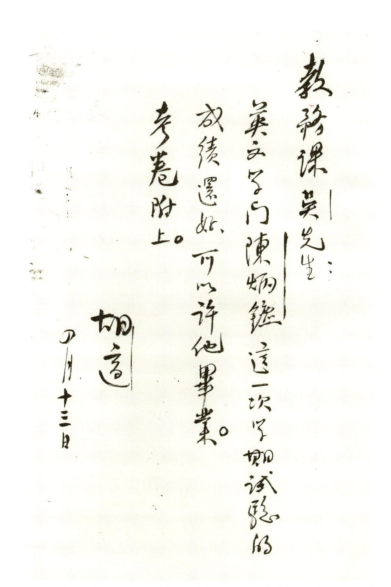

18　胡适1918年4月13日致信北大教务课吴先生，通知英文学门陈炳鑑补考通过，可以毕业。原件藏北京大学档案馆。

大學開女禁的問題　胡適

「少年中國」的朋友要我討論這個問題，我且隨便把我的一點意思發表在此，只可算作討論這個問題的引子，算不得一篇文章。

我是主張大學開女禁的。我理想中的進行次序，大略如下：

第一步，大學當延聘有學問的女教授，不論是中國女子是外國女子。這是養成男女同校的大學生活的最容易的第一步。

第二步，大學當先收女子旁聽生。大學現行修正的旁聽生規則雖不曾明說可適用於女子，但將來如有程度相當的女子應該可以請求適用這種規則。為什麼要先收女子旁聽生呢？因為旁聽生不須在本科畢業，只須有確能在本科聽講的程度，就可請求旁聽。現在女子學制沒有與大學預科一級的女子學問，女子師範的課程又不與大學預科相銜接；故最方便的法子是先預備能在大學本科旁聽。有志求大學教育的人本不必一定要得學位。況且修正的旁聽規則明說旁聽生若能行正科生的學科考習，並能隨同考試及格修業期滿時得請求補行預科必修科目的考試，如及格，請求與改為正科生並授與學位。將來女子若能做得這一步，已比英國幾個舊

大學開女禁的問題

一

式大學只許女子聽講不給學位的辦法更公平了。

第三步，女學界的人應該研究現行的女子學制，把課程大加改革，總得使女子中學的課程與大學預科的人學程度相銜接，使高等女子師範預科的課程與大學預科相等，若能添辦女子的大學預科，便更好了。這幾層是今日必不可緩的預備。現在的女子中學程度太淺了。外國語一層，更不注意各省女子師範多把部章的每年每週三時的外國語加那每週三小時的隨意科，能教得一點什麼外國語？至於五時，高等師範預科去年只有每週二時的外國語，始加至每週五時。依現在的情形看來，即使大學開女禁，那些教會的女學校外國語固然很注意，但是國文科學又多不注意。這也是女子學校自己斷絕進大學的路。至於那些教會的女學生，檢直沒有合格的女學生能享受這種權利。這不是很可怪的現狀嗎？前兩個月，有一位鄧女士在報上發表他給大學禁校長請求大學開女禁的信。我初見了這信以為這是可喜的消息。不料我讀下去，原來鄧女士是要求大學准女子進

旁听女生，同年夏正式招收女生，开风气之先。同年，经胡适联系预聘，获芝加哥大学硕士学位的陈衡哲，成为北大也是中国第一位女教授。（图20、图21）

陈衡哲之外，胡适还为北大延揽了不少人才，既包括学有所成的国内学者，也包括享誉国际的外国学者。1919年6月20日，胡适在给蔡元培校长的信中，提到几位外国学者的去留问题。（图22）其中就有来自前俄属爱沙尼亚的佛学、藏学和梵文学者钢和泰（Alexander von Staël-Holstein）。钢和泰1918年受聘在北京大学讲授梵文和古印度宗教史，就是由胡适出面促成的。（图23）胡适1921年秋季开始为钢和泰在北大讲授的古印度宗教史课程作翻译。后来由黄树因担任翻译，黄树因不幸英年早逝，胡适又推荐江绍原担任。（图24）

胡适还为北大地质系延聘教授起到牵线的作用，据他在《丁文江的传记》中回忆，1920年的一天，时任地质调查所所长的丁文江找到胡适，（图25）告诉他北大地质系的几个毕业生到地质调查所找工作，丁文江让他们每人辨认十种岩石，结果没有一个人及格。于是胡适和丁文江拿着成绩单去找蔡元培，蔡校长虚心听取丁文江关于整顿地质系的方案，决定聘请李四光为地质系教授，并与地质调查所联合聘请美国古生物学家葛利普。（图26）

20　1920年，胡适与陈衡哲、任鸿隽合影于南京梅盦。原件藏中国社会科学院近代史所档案馆。

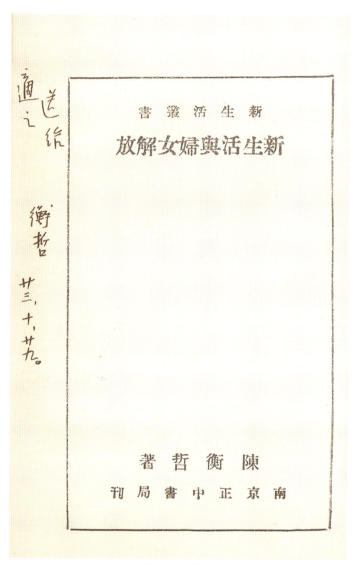

21　1934年10月29日，陈衡哲题赠胡适《新生活与妇女解放》。

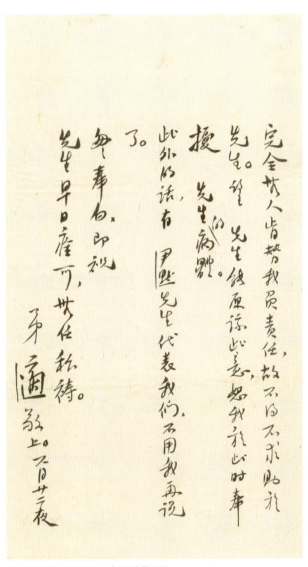

22　1919年6月20日，胡适致蔡元培。

23　1924年5月10日,胡适与泰戈尔(左三)、钢和泰(左四)、Elmhirst(左一)、Garreau(左五)等人合影于钢和泰在京寓所。原件藏中国社会科学院近代史所档案馆。

如今我们已回来,你们请看分晓罢

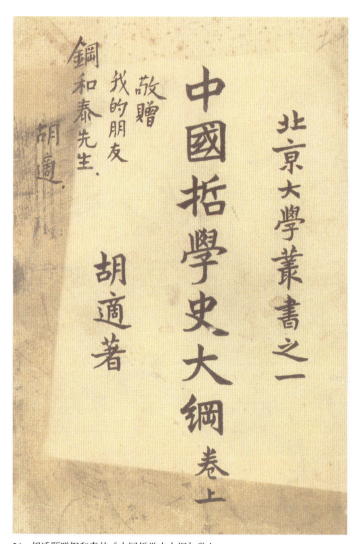

24　胡适题赠钢和泰的《中国哲学史大纲》卷上。

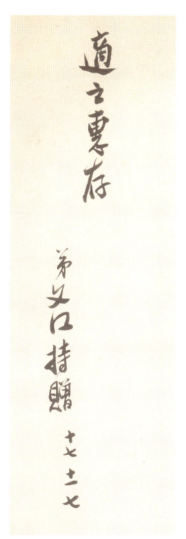

25　1928年11月7日,丁文江在赠胡适《徐霞客游记》上的签名。

26　葛利普。

1919年，经胡适、陶知行等人的联系协商，杜威被北京大学、南京高师、江苏省教育会联合邀请来华讲学。杜威5月到中国，他在北京的演讲基本都是由胡适翻译的。9月，北大正式聘请杜威为客座教授，为期一年，这中间胡适起了重要的推动作用。（图27）

胡适留美期间对于图书馆在大学中的作用有深刻的认识，因此他非常重视北大图书馆的发展，积极支持蔡元培校长募捐兴建新图书馆的计划。1921年5月初，胡适在北大教职员代表会上提议，教职员捐出当年4月份工资，用来建筑新图书馆。（图28）1922年10月3日的北大评议会上，他提议组织新建筑金募款委员会，即日开始募款，悬额四十万元，主要用于建设图书馆、大讲堂和宿舍，获得通过。（图29、图30）

胡适不仅为蔡元培主持的北大改革出谋划策，积极奔走，而且在蔡元培几次辞职后，都对蔡校长的行为表示理解，并积极为他辩护。（图31）1919年"五四"运动爆发后，5月9日，蔡元培辞去北京大学校长之职。6月，北洋政府任命胡仁源为北大校长，胡适一方面与北大评议会委员们一起商讨维持北大的稳定，一方面与北大多数师生开展"拒胡迎蔡"活动。7月9日，胡适在《民国日报》上发表《论大学学制》，（图32）对恢复民国元年大学学制的提议表示异议，指出这个提案主要目的在于破坏蔡元培校长两年来的改革，使他难堪，不能回北大。胡适在文中为蔡元培改预科三年为两年、文理两科合并等改革

27　1919年5月,杜威夫妇参观上海申报馆时与胡适(后排左一)、史量才(前排左一)、蒋梦麟(后排左二)、陶知行(后排左三)合影。

○北大教職員捐俸建築圖書館

胡適教授的提議——已得多數的贊成——出於能工運動之後——允足表示教職員之男健純潔

昨天下午各校教職員代表，報告能工以來，集合該校同事，經過及宣言復職情形。北京大學因校舍被人縱火，守衛大禮堂嚴密，故特假美術學校開會。因天下大雨，至會者共五十餘人。代表李大釗譚熙鴻二教授將能工後經過詳情及一當衆報告。後由徐寶璜提議一二教授報告後經過詳情及一當衆報告。之奔走和措施，當加以感謝及追認，衆贊成，遂一致道謝。次由代理校長蔣夢麟報告在校中失火情形，謂失火以後，校職員組織委員會日夜輪流守衛，全體教職員理應表示感謝，並於復職後全體教職員均贊成。於此次出險，幸立時設法撲滅，未至成災。事後又由在校職員組織委員會分別派守衛，故無發生意外之虞。但此種舉動，究係臨時的而非永久的。北大圖書館關係何等重大，數十年來購藏中西書籍，爲值甚鉅，即論開學以來之公文案卷，學生成績，關係亦屬非輕，倘一旦付之一炬，損失之大

胡適教授提議，爲免除北大圖書館危險起見，請今日到會諸君發起，本校教職員本年四月份能工期內應得薪俸，凡每人每月在六十元以上者，全數捐作圖書館建築費。其每月薪俸在六十元以下者，自由捐助。此欵由北大會計課分四個月攤繳，存儲銀行，作建築新圖書館之用。當時在場教職員全體贊成，惟對於辦法上稍有討論。馬裕藻主張，「薪俸在六十元以下者只能自由捐助，未免輕視薪俸薄者之人格，結果將六十元之限制打破」，無論六十元以上或以下之薪俸。經多數贊成通過以後，均贊成捐作圖書建築費。衆贊成，散會已七時矣。

本校教職員對於維持教育，不爲個人私利，早已一再宣言，係本校教職員對於本校有深切脈脈之關係，對於最重要之圖書館，自然間有維護之責。所以我提議，爲免除北大圖書館危險起見......

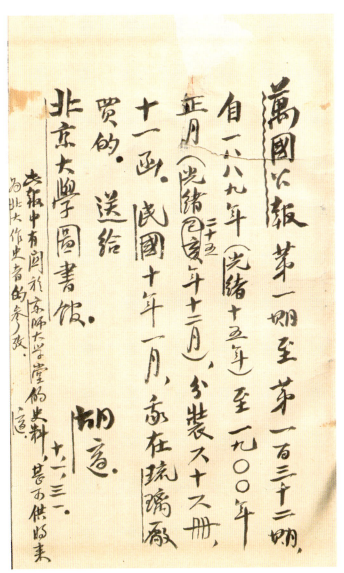

29　1921年1月，胡适在购赠北大图书馆的《万国公报》扉页上的题记。

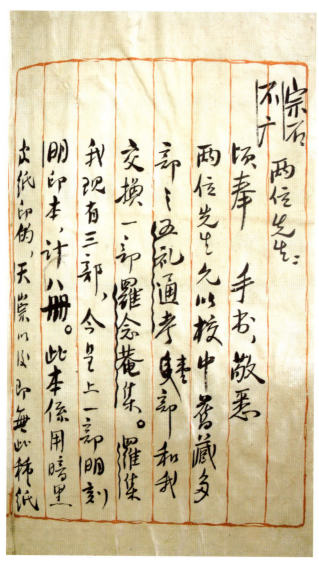

30　1923年4月18日，胡适致北大图书馆主任皮宗石、图书馆中文部主任单不广。

31 北大一院大门。

論大學學制

現有安福部議員克希圖提議請恢復民國元年的大學學制。這個提議很不通。為甚麼呢，因為「民國元年大學學制」所指的是元年的「大學令」呢，還是元年的大學原狀呢。

若說是「大學令」，則元年的大學令和六年的大學令，除了第八條預科修業年限由三年改為二年外，其餘的並無根本的區別。兩年以來大學的改革除了預科一項，並無和元年大學令不相容的地方。

若說是「大學原狀」，則元年的組織有許多不能恢復的，也有許多決不該恢復的。如元年的農科已於三年改為農業專門學校了，這是不能恢復的。又如元年改各科各有學長又各有教務長，這種制度是決不該恢復的。至於民國六年以來大學之成績為全國所公認。若非喪心病狂，決無主張回到

32　1919年7月9日，胡適在《民國日報》上發表《論大學學制》，為蔡元培的改革辯護。

措施进行了积极的辩护。在各方的积极努力下,蔡元培终于在9月回北大复职。(图33)

1923年1月17日,蔡元培为抗议教育总长彭允彝干涉"罗文幹案",愤而辞职。胡适先后在《努力》周报上发表《蔡元培以辞职抗议》《蔡元培的不合作主义》等五篇文章,为蔡元培辩护。他在日记中说:"我在这时候差不多成了蔡先生的唯一辩护人。"(图34)

1926年7月17日,胡适离开北京,远赴英国参加中英庚款委员会议,次年胡适归国后,因当时国内政治形势的关系,没有回北大,而是暂居上海,他在北大的第一时期实际上也就在1926年7月时结束了。(图35)

(二)教书与著述

1917年10月1日,胡适登上北大的讲台。当时主要讲授中国古代哲学、英文学、英文修辞学三门课,每周12小时的课程。胡适的中国古代哲学课程,与之前的旧学者陈汉章从伏羲开始的讲法很不同,直接从周宣王开讲,引起北大同学的议论,在傅斯年、顾颉刚等旧学功底深厚的北大学生的支持下,终于打开了局面。(图36、图37)

1918年9月底,北大新的学年开始,胡适主要开设"中国哲学史大纲""西洋哲学史大纲""论理学""英美近代诗选"

33　1925年12月17日，胡适生日留影。原件藏中国社科院近代史所档案馆。

34　1923年1月28日，胡适在《努力》周报上发表《蔡元培的不合作主义》。

35　1927年3月21日，胡适获哥伦比亚大学哲学博士学位。原件藏中国社会科学院近代史所档案馆。

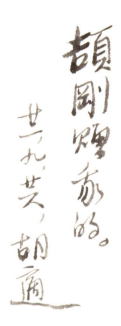

36　1932年9月26日,胡适在顾颉刚所赠《古史辨自序》英译本上的题记。顾颉刚在《古史辨自序》中曾对胡适初开中国哲学史课程的情形有所回忆。

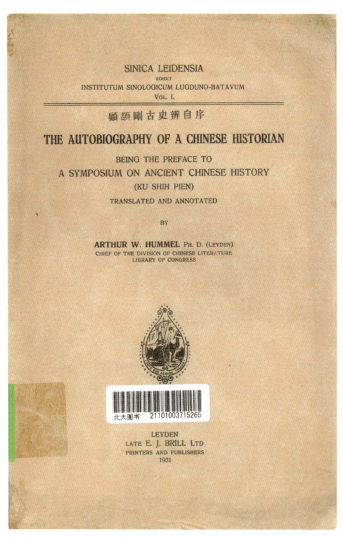

37 《古史辨自序》英译本封面。

等课程。（图38）

随着胡适在北大学生中大受欢迎，他讲授的课程也逐渐增多，据1921年11月胡适在北大一院每周授课时间表，胡适当时开设的课程增加到六门：中国哲学史、中国近世哲学史、英文哲学书选读、戏剧史、英文演说、英文作文。此外，胡适还为钢和泰的古印度宗教史担任翻译。每周的课时达26小时。（图39）

初到北大的胡适，虽然因文学革命而"暴得大名"，但面对北大以太炎弟子为核心的众多国学功底深厚的学者，其在学术上的地位还亟待提升。因此，胡适归国最初的几年在学术上颇为用功，甚至连看戏的时间都没有。（图40、图41）任教北大最初的一年，胡适将主要精力放在中国古代哲学课程讲义的编写上，经过将近一年的积累，1918年9月，胡适将完成书稿寄给商务印书馆，1919年2月，《中国哲学史大纲》卷上作为"北京大学丛书"之一在商务印书馆出版。（图42）胡适的这部《中国哲学史大纲》在近代史学革命上具有典范的意义。蔡元培在为此书所作序言中给予了极高的评价。蔡先生说，胡适任教一年就编成此书，可谓"心灵手敏"，主要是因为胡适既对西洋哲学史"很有心得"，又兼治汉学，非常难得。他认为胡适的这部书有四大特点：第一是对哲学家时代、著作真伪和哲学方法的考证辨明；第二是用"扼要的手段"，"截断众流，从老子孔子讲起"；第三是对孔子与诸子同等看待的"平等的眼

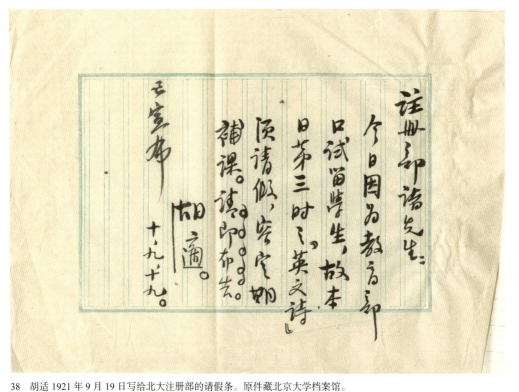

38　胡适1921年9月19日写给北大注册部的请假条。原件藏北京大学档案馆。

如今我们已回来，你们请看分晓罢

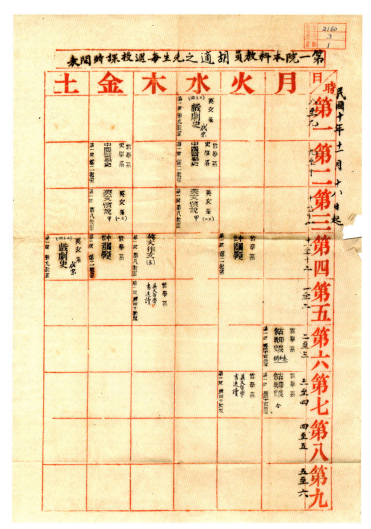

39　1921年11月，胡适在北大一院每周授课时间表。原件藏中国社会科学院近代史所档案馆。

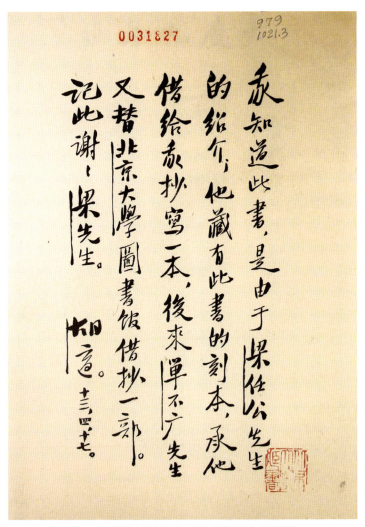

40　1924年4月17日，胡适在蔡上翔《王荆公年谱考略》上的题记。

41　胡适在书房。原件藏中国社会科学院近代史所档案馆。

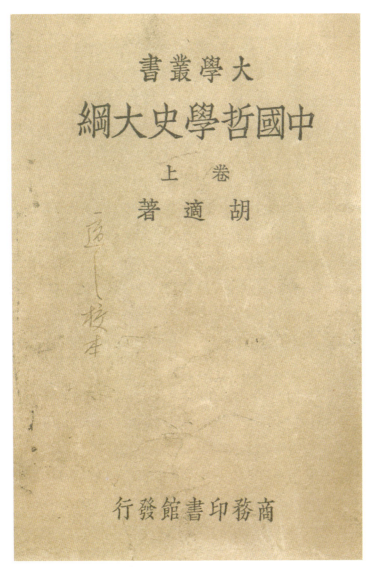

42　胡适《中国哲学史大纲》卷上自校本。

光"；第四是考证思想传承演进的"系统的研究"。（图43）

1919年5月，杜威来华讲学，胡适在《新教育》"杜威专号"上发表《杜威的教育哲学》《杜威哲学的根本概念》《杜威之道德教育》《实验主义》等文章，全面介绍杜威的实验主义思想学说。（图44）1920年下半年，胡适在北大开设"杜威著作选读"，听者踊跃。（图45）

1920年7月27日，胡适写成《〈水浒传〉考证》一文，收入亚东图书馆当年8月出版的《水浒传》。（图46）这是胡适考证古典白话小说的开始，此后胡适为亚东图书馆标点本古典小说写了多篇考证文章，包括《儒林外史》《红楼梦》《西游记》《三国演义》《老残游记》《三侠五义》《镜花缘》等。其中《〈红楼梦〉考证》于1921年11月完成定稿，（图47）成为"新红学"的开山之作，是他所主张的考证方法的一个实例。（图48）

胡适在1921年完成的主要著作是《章实斋先生年谱》，（图49）1922年1月由商务印书馆出版。2月26日，胡适收到商务印书馆寄来的四十本样书，他在日记中说："此书是我的一种玩意儿，但这也可见对于一个人作详细研究的不容易。我费了半年的闲工夫，方才真正了解一个章学诚。作学史真不容易！若我对于人人都要用这样一番功夫，我的《哲学史》真没有付印的日子了！我现在只希望开山辟地，大刀阔斧的砍去，让后来的能者来做细致的工夫。但用大刀阔斧的人也须要有拿得起

中國古代哲學史大綱序

蔡序

我們今日要編中國古代哲學史有兩層難處。第一是材料問題:周秦的書,真的同僞的混在一處,就是真的,其中錯簡錯字又是很多,若沒有做過清朝人叫做「漢學」的一步工夫,所搜的材料必多錯誤。第二是形式問題:中國古代學術從沒有編成系統的紀載。莊子的天下篇,漢書藝文志的六藝略諸子略均是平行的紀述。我們要編成系統古人的著作,沒有可依傍的,不能不依傍西洋人的哲學史,所以非研究過西洋哲學史的人,不能構成適當的形式。

現在治過「漢學」的人雖還不少,但總之是沒有治過西洋哲學史的留學西洋的學生治哲學的本沒有幾人,這幾人中能兼治「漢學」的更少了。適之先生生於世傳「漢學」的績溪胡氏,稟有「漢學」的遺傳性,雖自幼進新式的學校還能自修「漢學」,至今不輟;又在美國留學的時候兼治文學哲學,於西洋哲學史是很有心得的。所以編中國古代哲學史的難處,一到先生手裏就比較的容易多了。

中國哲學史大綱 一

43　蔡元培为胡适《中国哲学史大纲》卷上所作的序言。

杜威的教育哲學

胡適

這一篇本是蔣夢麟先生要做的，因為他陪杜威先生到杭州去了，我看他忙得狠苦，所以自己効勞做了這一篇。但是我不是專門學教育的人做的教育學文章，定然不能有蔣先生那樣透切，我希望諸位讀者把這篇文章看作一篇暫時代勞的文章。胡適

杜威先生常說「哲學就是廣義的教育學說」這就是說哲學便是教育學。

這句話初聽了狠可怪，其實我們如果仔細一想便知道這句話是不錯的。我們試問古往今來的哲學家那一個不是教育家？那一個沒有一種教育學說？那一種教育學說不是根據於哲學的？

我且舉幾個例，我們小時讀三字經開端就是「人之初性本善性相近習相遠苟不教性乃遷」懂得這個道理然後可以知道杜威先生的哲學就是他的教育哲學。

這幾句說的是孔子的教育哲學三字經是宋朝人做的，所代表的又是程子朱子一派的教育哲學。再翻開朱註的論語第一章「學而時習之」的底下註語道：「學之為言効也。人性皆善而覺有先後。後覺者必効先覺之所為，乃可以明善而復其初也。」請看他們把學字解作効的目的看作「明善而復其初」這不是極重要的教育學說嗎？我們如研究哲學史，便知道這幾句註語裏面，不但是解釋孔子的話，並且含有禪家明心見性的影響這不是狠明白的例嗎？

再翻開各家的哲學書，從老子直到蔡元培，從老子的「常使民無知無欲」直到蔡元培的「以美育代宗教」那一家的哲學不是教育學說呢？

MEANING   127

of light. Finally, this comet-meaning is itself not isolated; it is a related portion of the whole system of astronomic knowledge. Suns, planets, satellites, nebulæ, comets, meteors, star dust — all these conceptions have a certain mutuality of reference and interaction, and when the speck of light is identified as meaning a comet, it is at once adopted as a full member in this vast kingdom of beliefs.

    Darwin, in an autobiographical sketch, says that when a youth he told the geologist, Sidgwick, of finding a tropical shell in a certain gravel pit. Thereupon Sidgwick said it must have been thrown there by some person, adding: "But if it were really embedded there, it would be the greatest misfortune to geology, because it would overthrow all that we know about the superficial deposits of the Midland Counties" — since they were glacial. And then Darwin adds: "I was then utterly astonished at Sidgwick not being delighted at so wonderful a fact as a tropical shell being found near the surface in the middle of England. Nothing before had made me thoroughly realize *that science consists in grouping facts so that general laws or conclusions may be drawn from them.*" This instance (which might, of course, be duplicated from any branch of science) indicates how scientific notions make explicit the systematizing tendency involved in all use of concepts.

§ 4. *What Conceptions are Not*

    The idea that a conception is a meaning that supplies a standard rule for the identification and placing of particulars may be contrasted with some current misapprehensions of its nature.

    1. Conceptions are not derived from a multitude of

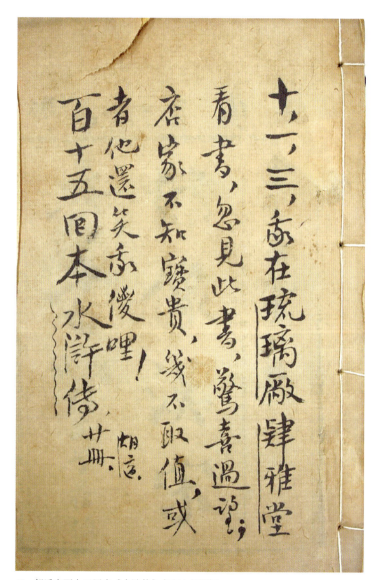

46　胡适在百十五回本《水浒传》书衣上的题记。

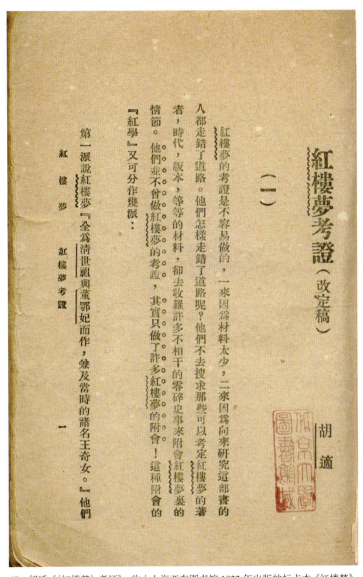

47　胡适《〈红楼梦〉考证》，收入上海亚东图书馆1922年出版的标点本《红楼梦》。

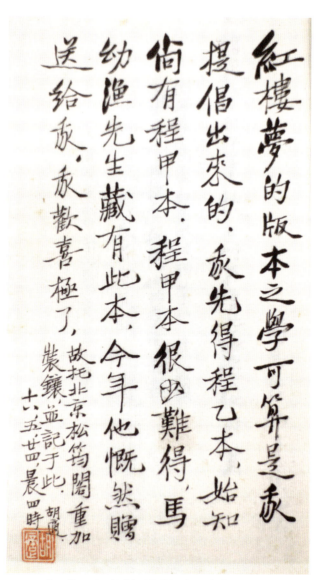

48　1929年5月24日，胡适在马裕藻所赠程甲本《红楼梦》上的题记。

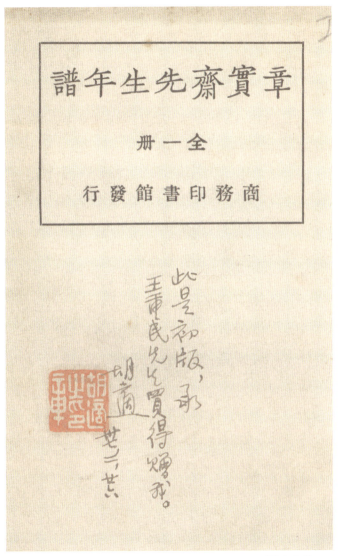

49　1948年2月26日，胡适在王重民所赠《章实斋先生年谱》初版封面上的题记。

绣花针儿的本领。我这本《年谱》虽是一时高兴之作，他却也给了我一点拿绣花针的训练。"（图50）

1921年，胡适在亚东图书馆出版《胡适文存》，后来又出版二集、三集。（图51）

1922年10月，胡适博士论文《先秦名学史》由亚东图书馆出版。（图52）

1923年1月，胡适主编的北大研究所国学门刊物《国学季刊》第一号出版，胡适在《发刊宣言》中首先对近三百年国故研究的成绩与缺点进行了总结，最后提出"整理国故"的三个要点：（图53）

第一，用历史的眼光来扩大研究的范围。

第二，用系统的整理来部勒研究的资料。

第三，用比较的研究来帮助材料的整理与解释。

胡适提出的三点对于后来的国学研究具有路径和方法上的指导意义。

1924年2月8日，胡适作《古史讨论的读后感》，对顾颉刚"层累地造成的古史"的观点非常赞赏，认为是"今日史学界的一大贡献"。（图54）

胡适1925年主要的著作为《戴东原的哲学》。（图55）

50　胡适藏《章氏遗书》，钤有胡适藏书章。

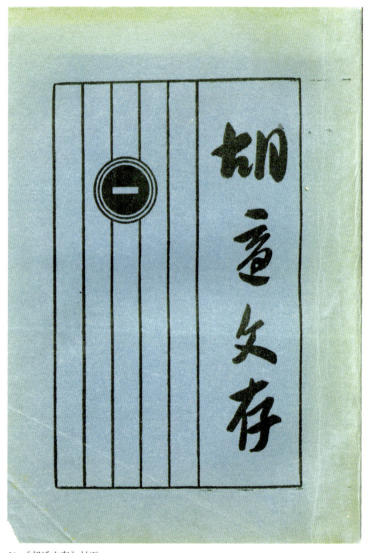

51 《胡适文存》封面。

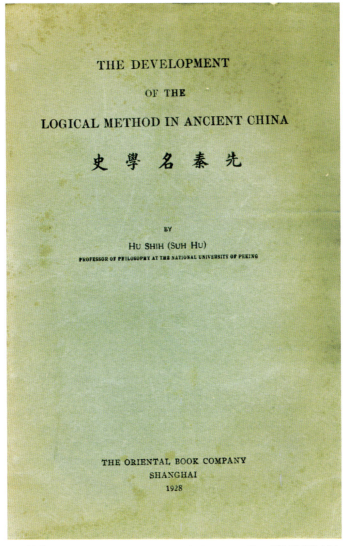

52 胡适 *The Development of the Logical Method in Ancient China*(《先秦名学史》),胡适留学哥伦比亚大学时的博士论文,1922年由上海亚东图书馆出版。

發 刊 宣 言

　　近年來,古學的大師漸漸死完了,新起的學者還不曾有什麼大成績表現出來。在這個青黃不接的時期,只有三五個老輩在那裏支撐門面。古學界表面上的寂寞遂使許多人發生無限的悲觀。所以有許多老輩遂說,古學要淪亡了!""古書不久要無人能讀了!"

　　在這個悲觀呼聲裡很自然的發出一種沒氣力的反動的運動來。有些人還以為西洋學術思想的輸入是古學淪亡的原因,所以他們至今還在那裡抗拒那他們自己也莫名其妙的西洋學術。有些人還以為孔教可以完全代表中國的古文化,所以他們至今還夢想孔教的復興,甚至於有人竟想鈔襲基督教的制度來光復孔教。有些人還以為古文古詩的保存就是古學的保存了,所以他們至今還想壓迫語體文字的提倡與傳播。至於那些靜坐扶乩,逃向迷信裡去自尋安慰的,更不用說了。

　　在我們看起來,這些反動都只是舊式學者破產的鐵證,這些行為不但不能挽救他們所憂慮的國學之淪亡,反可以增加國中少年人對於古學的藐視。如果這些舉動可以代表國學,國學還是淪亡了更好!

　　我們平心靜氣的觀察這三百年的古學發達史,再觀察眼前國內和國外的學者研究中國學術的現狀,我們不但不抱悲觀,並且還抱無窮的樂觀。我們深信,國學的將來,定能遠勝國學的過去,過去的成績雖然未可厚非,但將來的成績一定還要更好無數倍。

(1)

53　胡适《国学季刊》"发刊宣言"。

五德終始說下的政治和歷史　　一○三

法………一一制定了的。可惜鄒子終始不曾傳下來,可惜史書上記的秦始皇漢武帝的改制太簡單,我們不能把五德說下的制度和這三統說下的制度作一詳細的比較。我們只能說從這一篇三統說的制度裏可以推知五德說下的制度亦當為很瑣細的,不會像史書裏所說的漢武帝改制,數用五,只改了官名的印章為五字。

他們說,孔子是定了一代的制度而沒有實行的。實行的是誰呢? 當然是漢。所以漢人有"孔子為漢制法"的話。所以說春秋繼周實即是說漢繼周。換句話說,就是把秦踢出了三統之外,不算它是一代。再換句話說,就是周為赤統,漢繼周後應為黑統。應當照着上邊開的一個黑統的單子去做。

這不是我有意文致,乃是有實據可舉的。史記高祖本紀末,司馬遷的贊裏說:

> 夏之政忠;忠之敝,小人以野,故殷人承之以敬。敬之敝,小人以鬼,故周人承之以文。文之敝,小人以僿,故救僿莫若以忠。三王之道若循環終而復始。周秦之間,可謂文敝矣。秦政不改,反酷刑法,豈不謬乎! 故漢興,承敝易變,使天統矣。

這是說,政術是循環的,三代是一次的終始,故夏為忠,殷為敬,周為文;周之後又應當是忠了。秦既承周,乃不知救文敝,反酷刑法,這是它的謬誤,這是它的不能在三統中占得一統的緣故。到漢興,承敝易變,以忠救文,於是就得到了自然的統(天統)了。這是很清楚的三統說,他也把秦剔出了三統之外。司馬遷的春秋學是"聞諸董生"的,所以我們可以推知董仲

（旁注：此是"忠敬文"三統說,與仲舒對策略同。而與繁露質文届之二統說不同。）

54　1928 年 10 月 28—29 日,胡適在顧頡剛《五德終始說下的政治和歷史》抽印本上的批注。

如今我們已回來,你們請看分曉罢　　63

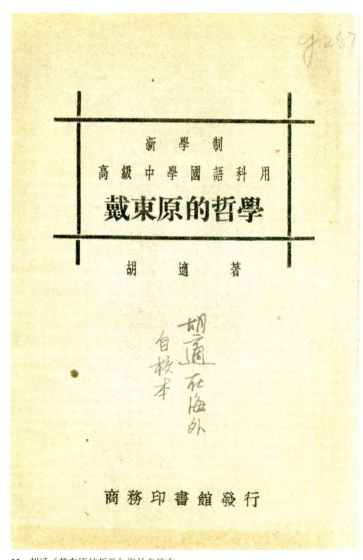

55　胡适《戴东原的哲学》海外自校本。

（三）领军新文化运动

胡适因提倡"文学革命"而得名，归国之后自然成为以"文学革命"为突破口，以《新青年》为主要思想传播工具的新文化运动的主要领导者。（图56）1918年1月，《新青年》编委会进行了改组，成员基本由北大教授组成，由胡适、钱玄同、李大钊、刘半农、沈尹默、高一涵、周作人等轮流编辑，不久鲁迅也加入。自当月15日出版的第4卷第1号起，所有撰译稿件均由编辑部成员负责，不再接收外来投稿，而且从这一期起，全部刊登白话诗文。北京大学由此成为传播新思想新文化的重镇。（图57）

1918年4月，胡适在《新青年》第4卷第4号发表《建设的文学革命论》。胡适在文中说，"旧派文学实在不值得一驳"，因此本文的宗旨是"贡献我对于建设新文学的意见"。胡适指出，这篇文章唯一的宗旨只有十个大字："国语的文学，文学的国语。"胡适后来说："此文发表后的两三年之内，许多人已经看出其中的道理来。青年人也不再以没有'标准国语'而发愁了。"（图58）

1918年6月，胡适主编的《新青年》"易卜生专号"（《新青年》第4卷第6号）出版，收录有胡适的《易卜生主义》，以及胡适和罗家伦翻译的易卜生的剧作《娜拉》（即《玩偶之家》），陶孟和翻译的《国民之敌》。（图59、图60）

文學改良芻議

胡適

今之談文學改良者眾矣，記者末學不文，何足以言此。然年來頗於此事再四研思，輔以友朋辨論，其結果所得，頗不無討論之價值。因綜括所懷見解，列為八事，分別言之，以與當世之留意文學改良者一研究之。

吾以為今日而言文學改良，須從八事入手。八事者何？

一曰須言之有物。
二曰不摹倣古人。
三曰須講求文法。
四曰不作無病之呻吟。
五曰務去爛調套語。
六曰不用典。
七曰不講對仗。
八曰不避俗字俗語。

一曰須言之有物　吾國近世文學之大病，在於言之無物。今人徒知「言之無文行之不遠」，而不知言之無物又何用文為乎？吾所謂「物」，非古人所謂「文以載道」之說也。吾所謂「物」，約有二事：

56　胡适《文学改良刍议》，发表于《新青年》第 2 卷第 5 号。

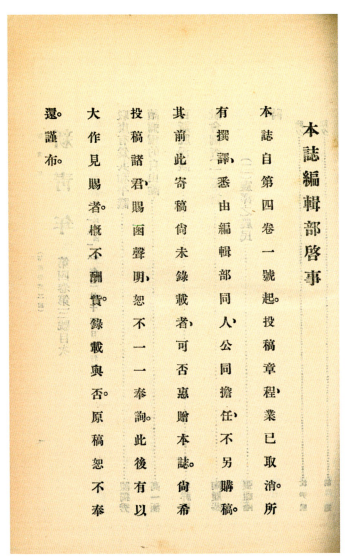

本誌編輯部啟事

本誌自第四卷一號起。投稿章程業已取消。所有撰譯。悉由編輯部同人公同擔任。不另購稿。其前此寄稿尚未錄載者。可否惠贈本誌。尚希投稿諸君。賜函聲明。恕不一一奉詢。此後有以大作見賜者。概不酬貲。錄載與否。原稿恕不奉還。謹布。

57 《新青年》第4卷第3号刊登的"本志编辑部启事"。

建設的文學革命論

國語的文學——文學的國語

胡適

（一）

我的『文學改良芻議』發表以來，已有一年多了。這十幾個月之中，這個問題居然引起了許多很有價值的討論，居然受了許多很可使人樂觀的響應。我想我們提倡文學革命的人，固然不能不從破壞一方面下手。但是我們仔細看來，現在的舊派文學實在不值得一駁。什麼桐城派的古文哪，文選派的文學哪，江西派的詩哪，夢窗派的詞哪，聊齋志異派的小說哪，——都沒有破壞的價值。他們所以還能存在國中，正因為現在還沒有一種真有價值真有生氣真可算作文學的新文學起來代他們的位置。有了這種『真文學』和『活文學』，那些『假文學』和『死文學』，自然會消滅了。所以我望我們提倡文學革命的人，對於那些腐敗文學，個個都該存一個『彼可取而代也』的心理，個個都該從建設一方面用力，要在三五十年內替中國創造出一派新中國的活文學。

我現在做這篇文章的宗旨，在於貢獻我對於建設新文學的意見。我且先把我從前所主張破壞的八事引來做參考的資料：

一，不做『言之無物』的文字。

二八九

58　胡适《建设的文学革命论》，发表于《新青年》第 4 卷第 4 号。

59　胡适主编的《新青年》"易卜生专号"(第4卷第6号)。

「易卜生主義」

胡適

「易卜生主義」這個題目不是容易做的。我又不是專門研究易卜生的人，如何配做這篇文字？但是我們現在出一本『易卜生號』，大吹大擂的把易卜生介紹到中國來似乎又不能不有一篇『易卜生主義』的文字。沒奈何，我只好把我心目中的『易卜生主義』寫出來做一個『易卜生號』的引子。

一.

易卜生最後所作的我們死人再生時（When We Dead Awaken）一本戲裏面有一段話，狠可表出易卜生所作文學的根本方法。這本戲的主人翁是一個美術家費了全副精神雕成一副像名為『復活日』。這位美術家自己說他這副雕像的歷史道

我那時年紀還輕不懂的世事。我以為這『復活日』應該是一個極精緻極美的少女像不帶着一毫人世的經驗平空地醒來自然光明莊嚴沒有什麼過惡可除。……但是我後來那幾年懂得些世事了，繞知道這『復活日』不是這樣簡單的，原來是狠複雜的。……我眼裏所見的人情世故都到我理想中來我不能不把這些現狀包括進去。我只好把這像的座子放大了放寬了。

四八九

60　胡适在其主编的《新青年》"易卜生专号"上发表的《易卜生主义》。

1919年11月1日晨三时,胡适写就《新思潮的意义》一文,说根据他自己的观察,新思潮的根本意义只是一种新态度——"评判的态度",尼采所说的"重新估定一切价值"就是对这种态度的最好解释。而这种态度实际表现为两种态度,即研究问题和输入学理。胡适认为,对旧有学术思想的积极主张只有一个,那就是"整理国故"。最后胡适指出,新思潮的唯一目的就是再造文明,"再造文明的下手工夫,是这个那个问题的研究。再造文明的进行,是这个那个问题的解决"。(图61)

1919年1月,北大学生傅斯年、罗家伦等人创办《新潮》,成为新文化运动的一支生力军。胡适被聘为顾问,给予很多指导和支持。(图62)1919年8月16日,胡适致毛子水,讨论"国故学",后以《论国故学——答毛子水》为题,发表于1919年10月《新潮》第2卷第1号。(图63)

1919年9月,胡适将自己八年来翻译的十篇短篇小说结集为《短篇小说》第一集,(图64、图65)在亚东图书馆出版,这是他在亚东图书馆出版的第一种书。此前胡适曾于1918年3月在北大国文研究所小说科作"论短篇小说"演讲,他认为短篇小说与写情短诗、独幕剧"代表世界文学最近的趋向"。(图66)

胡适回国后,陆续在《新青年》上发表了一批白话诗,1920年3月胡适的《尝试集》出版,这是中国文学史上第一部个人白话新诗集。(图67)胡适在"自序"中说:"这两年来,北京有我的朋友沈尹默,刘半农,周豫才,周启明,傅斯

新思潮的意義

胡適

（一）

研究問題
輸入學理
整理國故
再造文明

近來報紙上發表過幾篇解釋「新思潮」的文章。我讀了這幾篇文章，覺得他們所舉出的新思潮的性質，或太狹窄，或太籠統，不能算作新思潮運動的真確解釋，也不能指出新思潮的將來趨勢。即如包世傑先生的「新思潮是什麼」一篇長文，列舉新思潮的內容，何嘗不詳細？但是他究竟不曾使我們明白那種種新思潮的共同意義是什麼。比較最簡單的解釋要數我的朋友陳獨秀先生所舉出的新青年兩大罪案，——其實就是新思潮的兩舉大案，——

陳先生說：

一是擁護德莫克拉西先生（民治主義），一是擁護賽因斯先生（科學）。要擁護那德先生，便不得不反對孔教，禮法，貞節，舊倫理，舊政治。要擁護那賽先生，便不得不反對舊藝術，舊宗教。要擁護德先生，又要擁護賽先生，便不得不反對國粹和舊文學。（新青年六卷一號，頁10）

這話雖然很簡明，但是還嫌太籠統了一點。假使有人問

61　胡适《新思潮的意义》，发表于《新青年》第7卷第1号。

62 《新潮》第 1 卷第 1 号封面。

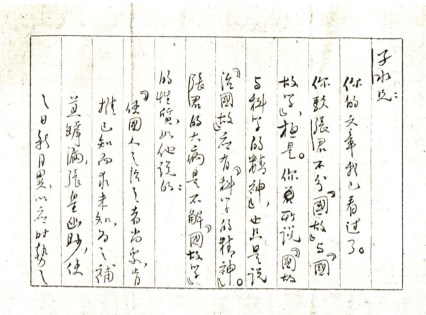

63　1919年8月16日，胡适致毛子水，谈"国故学"。

THE DUEL

BY NIKOLAI DMITRIEVITCH TELESHOV

Teleshov was born in 1867 and studied at the Moscow Academy of Applied Sciences. He started on his literary career in 1884 and met with almost immediate recognition.

In his choice of subjects, as well as in the strong objective way in which he treats them, Teleshov is a disciple of Anton Chekhov, and his affinity with that great artist has been pointed out by the foremost Russian critics.

Unlike some of the other younger Russian writers, Teleshov is wholly sound, sympathetic, and gentle in his writings. He takes his subjects wherever he can most easily lay his hand upon them—in the petty, gray, every-day life of the tradesman or from among the loose, unrestrained half-Bohemianism which is found in every great city.

此篇写枯娇之情而以慈母幽婉之说气出之遂觉信极衰惊此真传神之笔也。

如今我们已回来，你们请看分晓罢

616 LOVE AND BREAD

to the newspaper office, they would accompany him to the gate, and he would depart in utter humiliation of soul. It might take him perhaps twenty years to pay off all his obligations. And then—yes, what then? Could he then support his wife and child? No, probably not. If, in the mean time, his father-in-law should die, they would be left without a home. So he must be thankful even to the hard-hearted old man who had so cruelly separated them.

Ah, yes, human life itself is indeed hard and cruel! The beasts of the field find maintenance easily enough, while of all created beings man alone must toil and spin. It is a shame, yes, it is a crying shame, that in this life everybody is not provided with gratuitous partridges and strawberries.

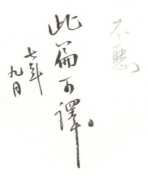

65　胡适在翻译《爱情与面包》所用底本上的批注。

游戲的喜劇 終身大事

胡適

（序）前幾天有幾位美國留學的朋友來說北京的美國大學同學會不久要開一個宴會中國的會員想在那天晚上演一齣短戲他們限我於一天之內編成一個英文短戲預備給他們排演我勉強答應了明天寫成這齣獨幕戲交與他們後來他們因為尋不到女角色不能排演此戲不料我的朋友卜思先生見了此戲一定要把這戲登出來我又得由他後來因為有一個女學堂要排演這戲所以我又把他翻譯成中文這是我第一次弄這一類的玩意兒列位朋友莫莫要見笑這一類的戲西文教做 Farce 譯出來就是游戲的喜劇

生看刁先生一定要把這戲就拿去給北京導報主筆刁德仁先

戲中人物

田太太
田先生
田亞梅女士
算命先生（瞎子）

田宅的女僕李媽

布景

田宅的會客室。右邊有門，通大門。左邊有門通飯廳。背面有一張莎法榻。兩旁有兩張籐椅。中央一張小圓桌子桌上有花瓶。桌邊有兩張坐椅。左邊靠壁有一張小寫字檯。

牆上掛的是中國字畫夾看兩塊西洋荷蘭派的風景畫這種中西合璧的陳設很可表示這家人半新半舊的風氣

開幕時幕慢慢的上去台下的人還可聽見台上算命先生彈的絃子將完的聲音。田太太坐在一張裝椅上算命先生坐在桌邊椅子上

田太太　你說的話我不大聽得懂。你看這門親事可對得嗎？
算命先生　田太太我是據命直言的我們算命的都是據命直言的。你知道。
田太太　據命直言是怎樣呢？
算命先生　這門親事是做不得的。要是你家這位姑娘嫁了

三一一

66　胡适创作的白话戏剧《终身大事》，发表于《新青年》第6卷第3号。

如今我们已回来，你们请看看分晓罢　　77

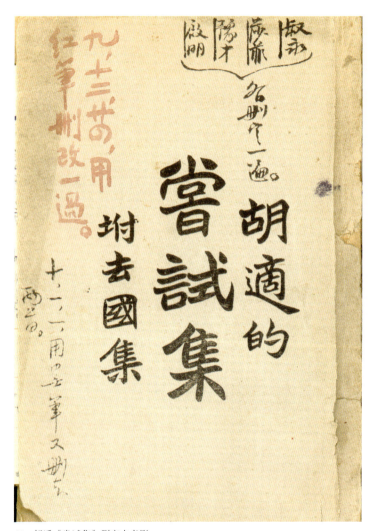

67　胡适《尝试集》删定本书影。

年,康白情诸位,美国有陈衡哲女士,都努力作白话诗。"此外,陈独秀、李大钊等人也都在《新青年》上发表过白话诗。(图68~图71)

胡适将新文化运动称为"中国的文艺复兴"。1923年4月,胡适开始作英文《中国的文艺复兴时代》一文,认为中国的文艺复兴时期自宋代起,王学之兴是第二期,清学之兴是第三期,新文化运动是第四期。(图72)

(四)砥砺同道,提携后学

胡适的《文学改良刍议》发表后,钱玄同是率先给予支持响应的北大教授。胡适到北大后,除了钱玄同外,还与《新青年》同人陶孟和、刘半农、周作人、李大钊、沈尹默、高一涵等都有不少交往,这在胡适的书信和藏书中都有很多例证。(图73~图78)

此外,胡适与国文系主任马裕藻、研究所国学门主任沈兼士等也有不少交往。(图79、图80)马裕藻于1921年聘请被胡适誉为"只手打孔家店"老英雄的吴虞任国文系教授。(图81)

1919年,胡适与马裕藻、周作人、朱希祖、刘半农、钱玄同等人起草了《请颁行新式标点符号议案》,并由胡适最后修正。此议案后来作为北洋政府教育部1920年2月训令第53号公布。(图82)

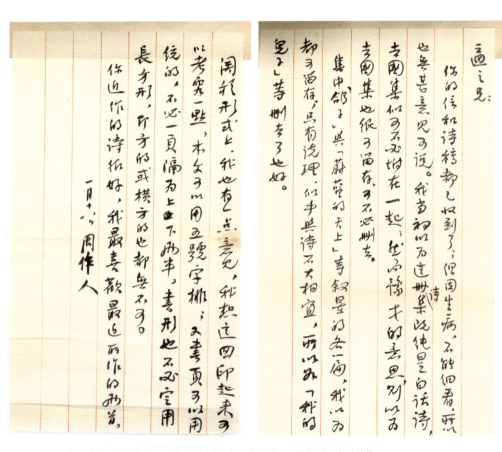

68—69　1921年1月18日，由鲁迅代笔，周作人致胡适关于《尝试集》删改意见的信。

70 1924年底,胡适译古波斯诗人莪默(今译海亚姆)诗手稿。

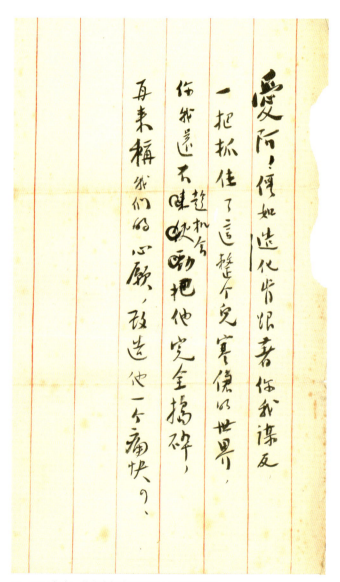

71　1924年底，徐志摩译古波斯诗人莪默诗手稿。

72　1923年11月胡适留影。原件藏中国社会科学院近代史所档案馆。

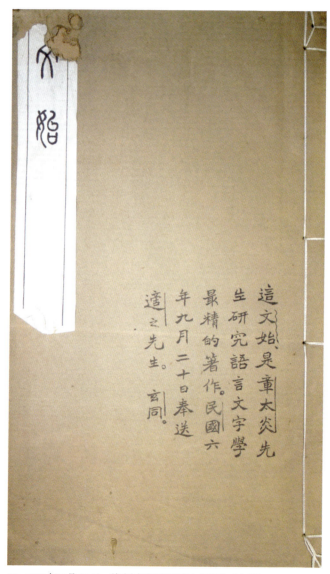

73　1917年9月20日，钱玄同题赠胡适章太炎著作《文始》。

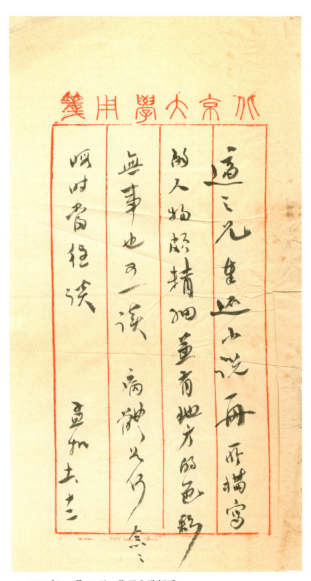

74　1920年11月12日，陶孟和致胡适。

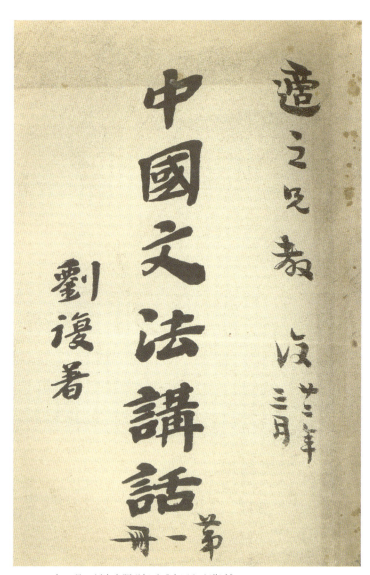

75　1933年3月，刘半农题赠胡适《中国文法讲话》。

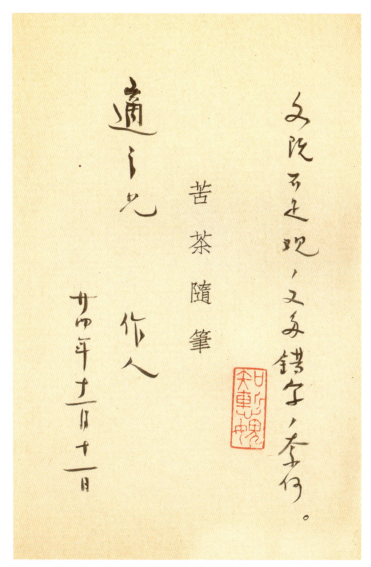

76　1935年11月11日,周作人题赠胡适《苦茶随笔》。

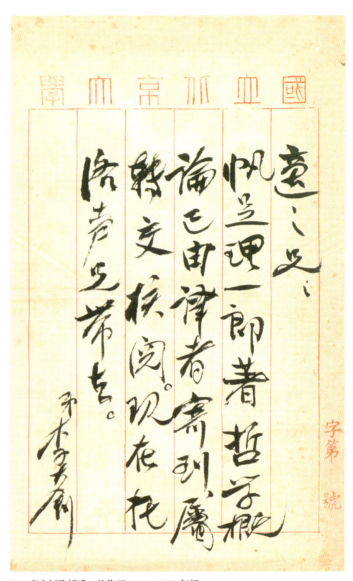

77　李大钊致胡适，约作于1921—1923年间。

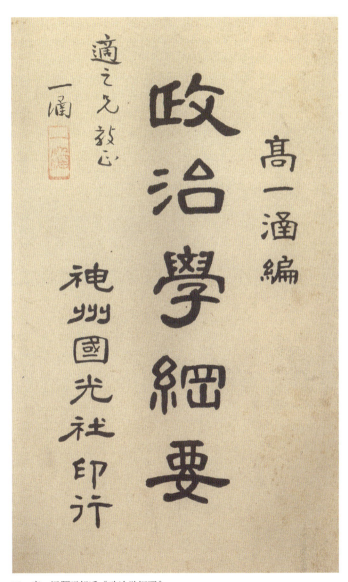

78　高一涵题赠胡适《政治学纲要》。

79　1920年6月22日，胡适在马裕藻赠《述学》函套上题记。

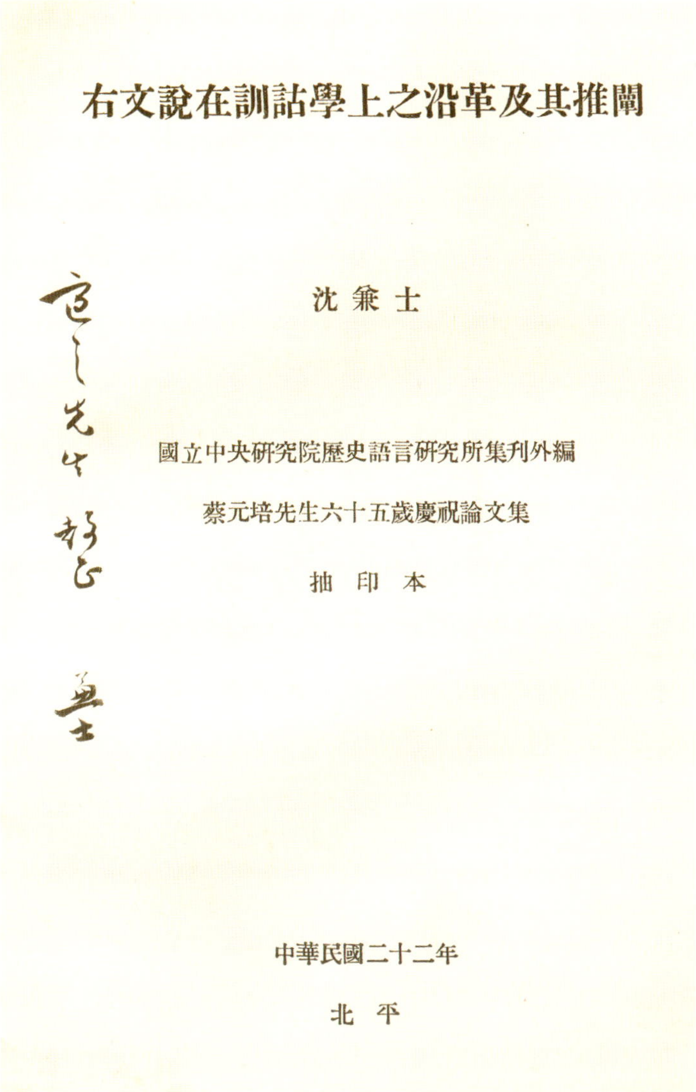

右文說在訓詁學上之沿革及其推闡

沈兼士

國立中央研究院歷史語言研究所集刊外編
蔡元培先生六十五歲慶祝論文集

抽　印　本

中華民國二十二年
北　平

80　沈兼士題贈胡适《右文说在训诂学上之沿革及其推阐》。

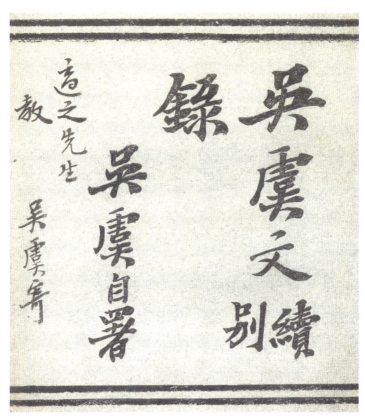

81　吴虞题赠胡适《吴虞文续录　别录》。

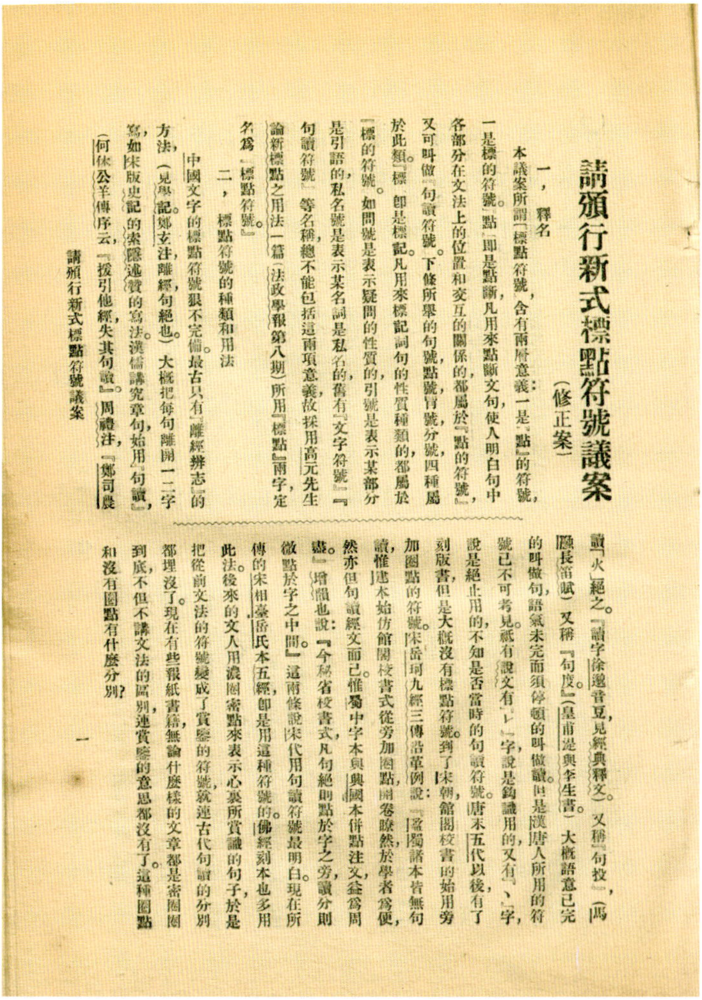

請頒行新式標點符號議案（修正案）

一，釋名

本議案所謂『標點符號』，含有兩層意義：一是『點』的符號，一是標的符號。『點』即是點斷，凡用來點斷文句，使人明白句中各部分在文法上的位置和交互的關係的，都屬於『點的符號』，又可叫做『句讀符號』。下條所舉的句號，點號，冒號，分號，四種屬於此類。『標』即是標記。凡用來標記詞句的性質種類的，都屬於『標的符號』。如問號是表示疑問的性質的，引號是表示某部分是引語的，私名號是表示某名詞是私名的。舊有『文字符號』『句讀符號』等名稱，總不能包括這兩項意義，故採用高元先生論新標點之用法一篇（法政學報第八期）所用『標點』兩字，定名為『標點符號』。

二，標點符號的種類和用法

中國文字的標點符號狠不完備。最古只有『離經辨志』的方法，（見學記鄭玄注，離經，句絕也。）大概把每句離開一二字寫，如宋版史記的索隱述贊的寫法。漢儒講究章句，始用『句讀』，（何休公羊傳序云，『援引他經，失其句讀』。周禮注，『鄭司農讀『火』絕之。』『讀字徐邈音豆，見經典釋文）。又稱『句投』，（馬融長笛賦）又稱『句度』。（皇甫湜與李生書。）大概語意已完的叫做句，語氣未完而須停頓的叫做讀。但是漢唐人所用的符號已不可考見。祇有說文有『レ』字，說是鉤識用的，又有『、』字，說是絕止用的，不知是否當時的句讀符號。唐末五代以後，有了刻版書，但是大概沒有標點符號。到了宋朝，館閣校書始用旁加圈點的符號。宋岳珂九經三傳沿革例說：『監蜀諸本皆無句讀，惟建本始仿館閣校書式從旁加圈點，開卷瞭然，於學者為便，然亦但句讀經文而已。惟蜀中字本與興國本併點注文，益為周盡。』增韻也說：『今祕省校書式，凡句絕則點於字之旁，讀分則微點於字之中間。』這兩條說宋代用句讀符號最明白。現在所傳的宋相臺岳氏本五經，即是用這種符號的。佛經刻本也多用此法。後來的文人用濃圈密點來表示心裏所賞識的句子，於是把從前文法的符號變成了賞鑒的符號，就連古代句讀的分別都埋沒了。現在有些報紙書籍，無論什麼樣的文章都是密圈圈到底，不但不講文法的區別，連賞鑒的意思都沒有了。這種圈點和沒有圈點有什麼分別？

請頒行新式標點符號議案

一

82　胡适最后修正的《请颁行新式标点符号议案》，发表于《北京高师教育丛刊》1920 年第 2 期。

1920年8月1日，胡适与蒋梦麟、陶孟和、张慰慈、李大钊、高一涵等共同署名发表《争自由的宣言》。（图83）

胡适不到三十岁，已经"暴得大名"，但他懂得没有成名的年轻人的不易，非常注意对年轻后进的帮助和提携。（图84）1919年，当时在清华学校任教的林语堂获得到哈佛大学留学的"半额奖学金"，每月40美元。出国的时候只有太太的一千块大洋的嫁妆，到哈佛一年后半额奖学金又被无故取消。夫妻俩能够在海外苦撑四年，很重要的一点就是胡适的资助。胡适在1920年2月5日的"日程与日记"中有"林玉堂信，附 \$480"的记录，应与此事有关，这只是一次资助的数目。（图85）

1920年，新潮社的罗家伦、傅斯年毕业后准备出国留学。（图86）罗家伦希望顾颉刚留在北大负责编辑《新潮》杂志，于是给胡适写信，希望胡适能帮顾颉刚在北大谋得图书馆编目员一职，在胡适的帮助下，顾颉刚如愿以偿。（图87）当时顾颉刚月薪只有50元，不足以维持个人生活和苏州家用，胡适就请顾颉刚帮助自己编书，每月自己付给顾颉刚30元，帮助顾颉刚解决了生活问题。顾颉刚留在北大后潜心读书，在胡适的鼓励下编辑《辨伪丛刊》，（图88）并受胡适《水浒传》序的启发留意古史演变，与胡适、钱玄同等人书信往来探讨，最终提出著名的"层累地造成的中国古史"说，成为"古史辨派"的创始人。（图89）

爭自由的宣言

胡適　蔣夢麟　陶履恭　王徵
張祖訓　李大釗　高一涵

我們本不願意談實際的政治，但是實際的政治却不來妨害我們。自辛亥革命直到現在已經有九個年頭了，這九年中，經厭了種種不自由的痛苦，便是政局屢變遷這黨假共和政治之下，經厭了種種不自由的痛苦，仍同從前一樣。政治逼迫我們把那黨趕掉。然全國不自由不得不起一種徹底覺悟。認定政治到這樣無路可走的時候，我們便不得不起一種徹底覺悟。認定政治如果不由人民發動，不會有真共和實現，但是如果想使政治由人民發動，不得不先有養成國人自由思想自由評判的真精神的空氣。我們相信人類自古以來的歷史沒有一國不是人民費去一滴一滴的血汗換得來的。沒有軍閥政黨敢送給與人民的。絕不會有真正的自由出現。這幾年軍閥政黨膽敢這樣橫行，便是國民缺乏自由思想自由評判的真精神的表現。我們現在認定有幾種基本的最小限度的自由，是人民和社會生存的命脉，把他鄭重提出，請我全國同胞起來力爭。

(A) 消極方面

一、治安警察條例把人民政治結社、政談集會、屋外集會、公衆運動、勞働運動、女子運動、工人聚集、女子參政、種種自由交給警察處理。結果便把改造社會的政治運動思想宣傳運動、勞働運動、女子運動根本打消。便把改造社會的政治運動思想宣傳運動、勞働運動、女子運動根本打消，使約法上規定的集會結社自由，成了一句廢語。故民國三年三月二日所公布的治安警察條例應即廢止。

一、出版法把人民著作發行印刷出售散布文書圖書的自由交給警察官署或縣知事處理，不獨把宣傳文化灌輸學術思想的工具完全破壞，並違反約法上出版自由，也根本消滅。故民國三年十二月四日所公布的出版法應即廢止。

（東方雜誌　第十七卷　第十六號　爭自由的宣言　一三三）

83　胡适与蒋梦麟、李大钊等人发表的《争自由的宣言》，《东方杂志》1920年第17卷第16号转载。

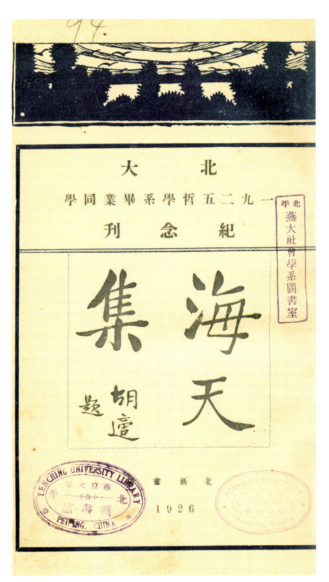

84　胡适为哲学系1925年毕业纪念刊题写的书名。

85　1933年10月27日，林语堂题赠胡适《语言学论丛》。

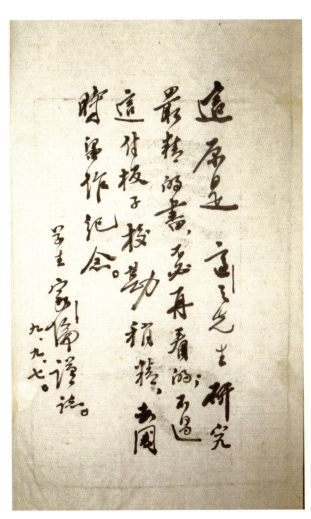

86　1920年9月7日，罗家伦题赠胡适《墨子》。

如今我们已回来，你们请看分晓罢　　97

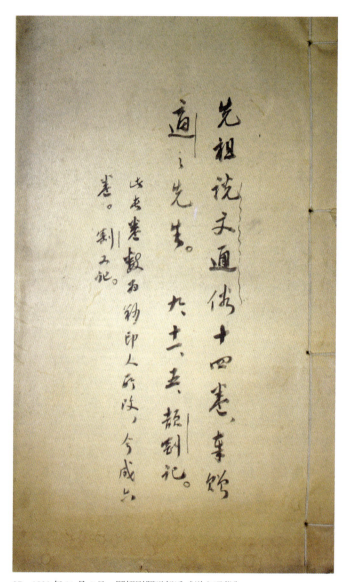

87　1920年11月5日，顾颉刚题赠胡适《说文通俗》。

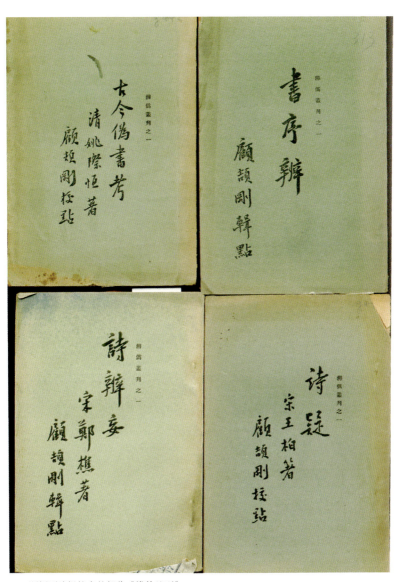

88　顾颉刚编辑校点的部分《辨伪丛刊》。

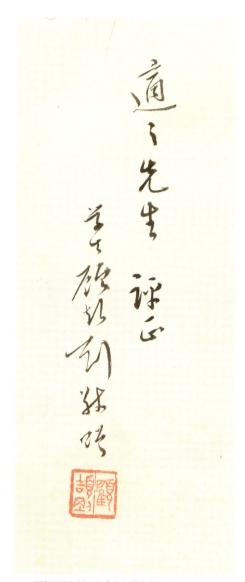

89　顾颉刚题赠胡适《古史辨》第二册。

北大中兴的"参谋"与功臣（1930—1937）

三年不见伊，

便自信能把伊忘了。

今天蓦地相逢，

这久冷的心又发狂了。

我终夜不成眠，

萦想着伊的愁，病，衰老。

刚闭上了一双倦眼，

只见伊庄严曼妙。

我欢喜醒来，

眼里还噙着两滴欢喜的泪。

我忍不住笑出声来，

"你总是这样叫人牵记！"（图01、图02）

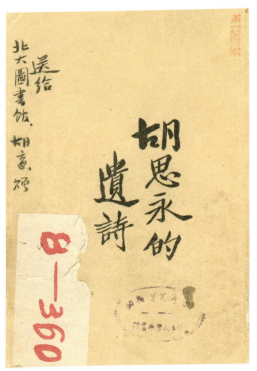 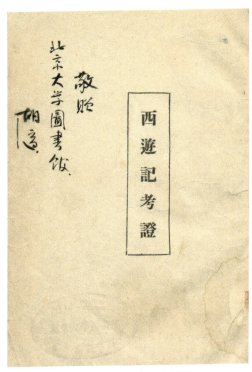

01　胡适题赠北京大学图书馆《胡思永的遗诗》。　　02　胡适题赠北京大学图书馆《西游记考证》。

胡适1927年4月结束欧美之行后，曾暂居上海三年多，潜心著述，（图03）并曾任母校中国公学校长。1929年1月，胡适回了一次北平，有感而发，作了这首名为"留恋"的白话诗。他在1929年1月25日的日记中明确说，此诗是为"纪念北大"而作。这首诗表达了胡适对北大的怀念与牵挂之情。（图04）

胡适诗中所说的"三年"当中，北京大学处于发展低落时期，甚至连校名都被取消了，先是张作霖统治北京时期被并入"京师大学校"，又在国民政府大学院时期被划入"北平大学"，一些著名的北大教授也纷纷离去。胡适曾感慨说："现在北大同人死者死，杀者杀，逃者逃，北大久不为北大。"（图05）1928年6月15日，胡适以大学院大学委员的身份到南京参加大学委员会议，坚决主张北京大学之名不宜废掉，并且反对李石曾担任校长，认为最好仍请蔡元培兼任。

1930年10月初，胡适再回北平，除了选定米粮库四号作为迁回北平的居所外，还见了不少北大故人，并接受了北大聘书，决意为北大的中兴贡献一己之力。（图06）

11月30日，胡适举家迁回北平，开始了他任职北大的第二个时期，直到1937年7月抗战爆发。

就在胡适回北平不久，1930年底，蒋梦麟被任命为北京大学校长。蒋梦麟任校长的北大，（图07）被认为是历史上的"中兴"时期，他在《忆孟真》一文中说："九一八事后，北平正在多事之秋，我的参谋就是适之和孟真两位。事无大小，都就

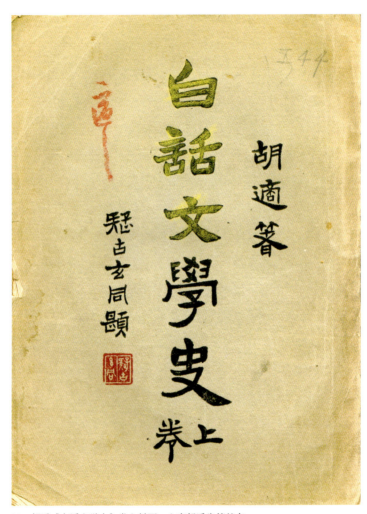

03　胡适《白话文学史》卷上封面，上有胡适朱笔签名。

04　胡适藏书上钤盖的带有上海住址的印章。

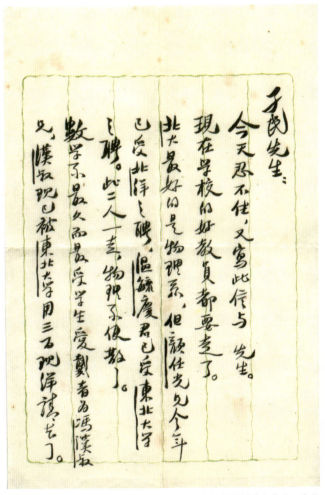

05　1926年6月24日，胡适致蔡元培，谈北大教授纷纷辞职离去，为北大的未来担心。

06　1933年前后,胡适与夫人江冬秀合影。

07　1933年任北京大学校长的蒋梦麟。

商于两位。他们两位代北大请了好多位国内著名教授。北大在北伐成功以后之复兴,他们两位的功劳实在太大了。"(图 08)

(一)推动中基会对北大的资助

胡适到北平后,了解到蒋梦麟虽已辞去教育部长之职,但却迟迟不肯回北大就任校长,个中原因,主要是因为当时的北大已经沦落到不可收拾的地步。国民政府定都南京后,北京改为北平,失去了全国的文化中心的地位,很多教授纷纷南下,留下来的教授为生计到处兼课,而且抱残守缺,目光短浅,严重影响北大的发展。(图 09)

胡适 1929 年 6 月当选为中华教育文化基金会(简称"中基会")的董事。他到北平后,与时任设在北平的中央研究院历史语言所所长兼北大教授傅斯年,以及协和医学院院长、中基会董事顾临(Roger S. Greene),(图 10)经常在一起探讨如何帮助蒋梦麟改革北大,如何将北大的改革扩展影响到整个北平高等教育界。(图 11)经过讨论,三位一致认为,北大改革的关键在于争取经费支持,只有这样才能吸引名教授到北大任教,才能改善北大的教学研究设备。于是大家想到了以支持教育为宗旨的中基会。

1931 年 1 月 7 日,胡适到上海参加中基会第五次常会。此次会议通过了胡适与顾临、傅斯年拟定的资助北大的议案。中基会

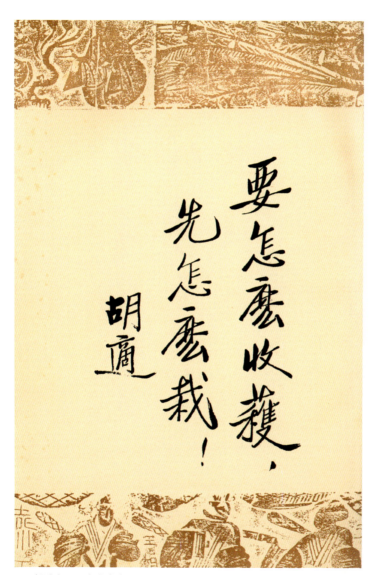

08　胡适为1934年北大毕业纪念册题词。

09　蒋梦麟为北京大学1934年毕业同学题词。

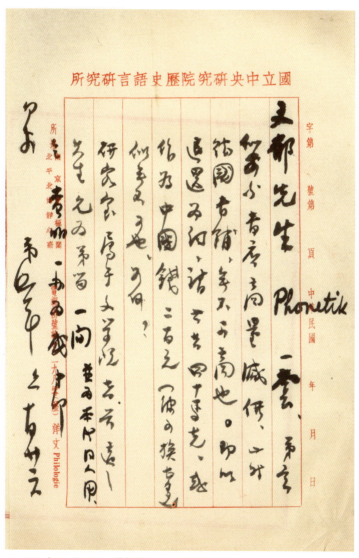

10　1935年10月26日，傅斯年致北大图书馆主任严文郁。

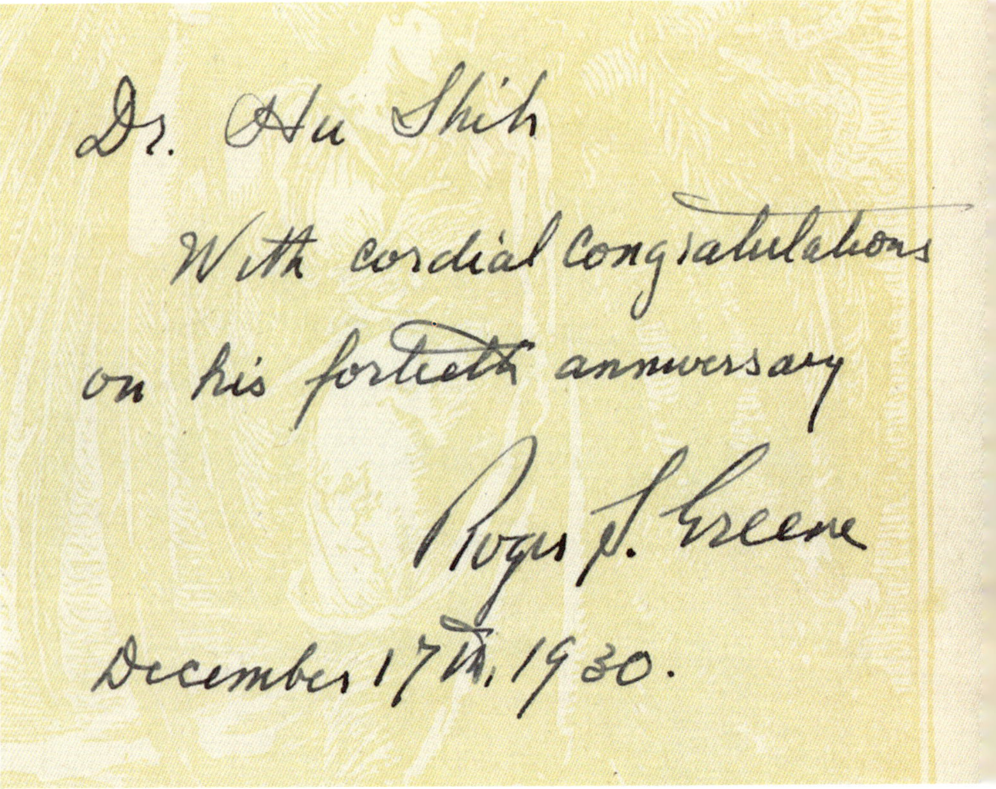

Dr. Hu Shih

With cordial congratulations on his fortieth anniversary

Roger S. Greene

December 17th, 1930.

11　1930 年 12 月 17 日，顾临题赠胡适 *Health Work in Soviet Russia*，作为胡适四十岁生日礼物。

资助北大的决定，对蒋梦麟就任北大校长无疑是很大的支持与推动，会后不久，蒋梦麟即到北平就任北京大学校长。3月12日，胡适拟成《北京大学与中华教育文化基金董事会合作研究特款办法》，并得到蒋梦麟和一些中基会董事的肯定。该办法的主要内容为：自民国二十年度起，至二十四年度止，每年双方各提出国币二十万元，作为合作研究特款，专为下列各项之用：（图12）

1. 设立北大研究教授。
2. 扩充北大图书馆仪器及他种相关的设备。
3. 设立北大助学金及奖学金。

同年8月5日，北大中基会合作研究特款顾问委员会举行第一次正式会议，到会者有蒋梦麟、胡适、任鸿隽、翁文灏、陶孟和、傅斯年、孙洪芬。会议通过聘请十五人为北大研究教授：汪敬熙、王守竞、曾昭抡、刘树杞、冯祖荀、许骧、丁文江、李四光、刘志敩、赵迺抟、周作人、刘半农、陈受颐、徐志摩、汤用彤。可谓集一时之选。（图13~图22）

中基会的资助，不仅帮助北大聘请到一流的学者，而且在添置图书仪器、兴建新建筑等方面也大有裨益。1935年，北大建成当时国内一流的新馆舍。（图23）

（二）积极为北大网罗人才

胡适对北大中兴的贡献，不仅在于经费的争取，还在于人

北京大學與中華教育文化基金董事會合作研究特款辦法

(一) 中華教育文化基金董事會 (以下省稱「中基會」) 與國立北京大學 (以下省稱「北大」) 爲提倡學術研究起見，自民國二十四年度起，至二十九年度止，每年雙方各提出國幣二十萬元，作爲合作研究特款 (以下省稱「合款」)，專爲下列各項之用。

1、設立北大研究教授。
2、充實北大圖書儀器及他項相關的設備。
3、設立北大助學金及獎學金。

(二) 北大與中基會會同組織「合作研究特款顧問委員會」，

12 由胡適起草的《北京大學與中華教育文化基金董事會合作研究特款辦法》。

13 刘树杞。 14 冯祖荀。

15　李四光。

16　刘志敭。

17 赵迺抟。　　　　　　　　　　18 周作人。

19 刘半农。

20 陈受颐。

21　徐志摩。　　　　　　　　　　　22　汤用彤。

23 1935年北大图书馆外景。

才的延揽。

1931年1月的中基会会议前后,胡适极力劝说汪敬熙、丁西林、李四光、周鲠生、林语堂等人回北大任教。(图24)

1月底,胡适借去青岛大学之机,邀请杨振声、闻一多、梁实秋到北大任教。(图25)

1月30日,回到北平的胡适又写信给丁西林、徐志摩,劝他们回北大任教。(图26、图27)

蒋梦麟任校长后,决定实行院长制,胡适在文、理、法三院院长人选方面积极出谋出力。文学院院长方面,胡适曾考虑过青岛大学的杨振声,多次写信与杨振声和青岛大学相关人员联系交涉,但杨振声回信说:"去青大已有决心,就北大是另一问题。"(图28)最后由蒋梦麟自兼。理学院院长人选,胡适曾积极争取李四光回北大担任,无奈李四光回电称:"教书甚愿,院长无缘。"(图29)最后由刘树杞出任。(图30)

胡适在学界声誉甚隆,加之交游甚广,最后由他联系引进北大的学者很多,包括孟森、钱穆、汤用彤、魏建功、俞平伯、梁实秋、闻一多、温源宁、叶公超、丁文江、饶毓泰等。(图31)其中钱穆只有高中学历,自学成才,顾颉刚写信给胡适极力推荐,最后钱穆被北大聘为历史系副教授,后升任教授。(图32)

1931年9月14日,北大新学期开学,标志着蒋梦麟、胡适、傅斯年等人经过八个月苦心筹划的北大革新的开始。当时全国

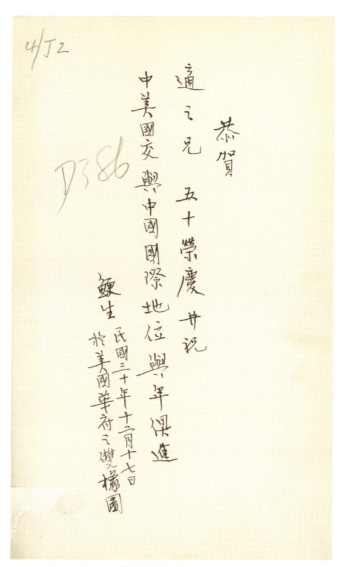

24　1941年12月17日，周鲠生赠胡适 Documents on American Foreign Relations，作为胡适五十岁生日礼物。

25　闻一多题赠胡适《诗新台鸿字说》。

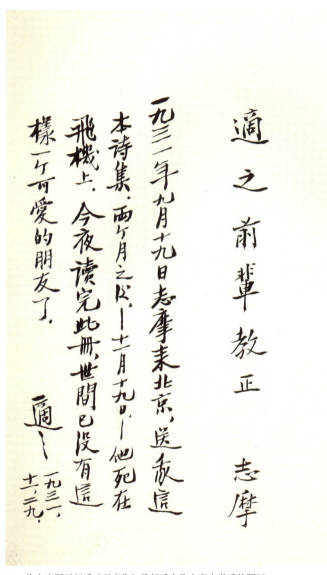

26　徐志摩题赠胡适《猛虎集》及胡适在徐志摩去世后的题记。

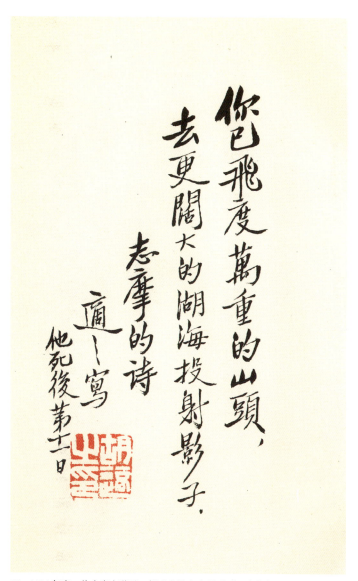

27 1931年底,徐志摩去世后,胡适在徐志摩所赠《猛虎集》上抄录的诗句。

28 《北京大学日刊》1926年4月7日注册部关于杨振声在北京大学授课的布告。

註冊部布告

楊振聲先生定於四月十二日起來校授課

陳啓脩先生刻因病不能來校所授功課暫行請假

四月六日

29　1932年任北京大学地质系主任的李四光。

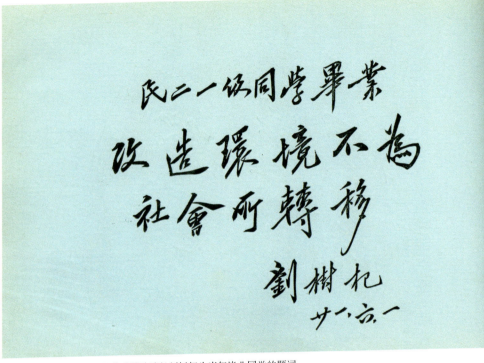

30　1932年6月1日，北大理学院院长刘树杞为当年毕业同学的题词。

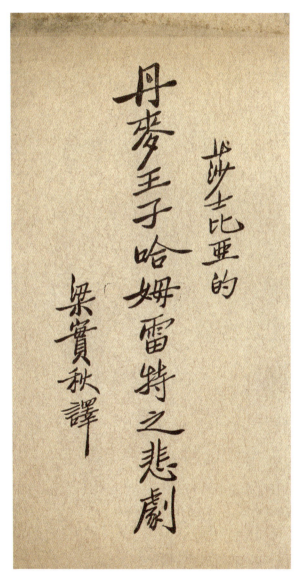

31　胡适为梁实秋所译莎士比亚名著《哈姆雷特》题写书名。

32　钱穆题赠胡适《康有为学术述评》。

教育界普遍认为,"北大的新阵容确可以'旌旗变色',建立一个'新北大'的底子"。(图 33)

(三) 文学院院长

1931 年 2 月 10 日,胡适再度登上北大的讲台,听讲者约三百人,有许多人站了两小时。(图 34)

1932 年 2 月 15 日,胡适正式担任北大文学院院长。陶希圣后来评价:"北京大学居北平国立八校之首。蒋梦麟校长之镇定与胡适院长之智慧,二者相并,使北大发挥其领导作用。"(图 35)

1934 年初,作为北大文学院院长的胡适开始积极筹划北大文科的改革。他在 1 月 18 日的日记中写道:"改订北大的中国文学系及哲学系课程。此事颇不易。有很好的课程表而无相当的人去施教,也是枉然。……夜陈受颐来谈,商北大改课程事,他改订的是外国语文学系。"1 月 28 日又记,当天晚上与蒋梦麟、陈受颐、樊际昌、郑天挺等人讨论北大文科改革之事。(图 36)

胡适在其《一九三四的回忆》中对于当时文科改革的成绩做了回顾:"这一年北大方面的改革有一点足记:我兼领中国文学系主任,又兼任外国语文学系主任,把这个学年的文学院预算每月节省了近三千元。外国语文学系减去四个教授,添了梁实秋先生,(图 37)是一进步;中国文学系减去三个教授,添的是我、傅斯年(半年)和罗常培,(图 38)也是一进步。……中

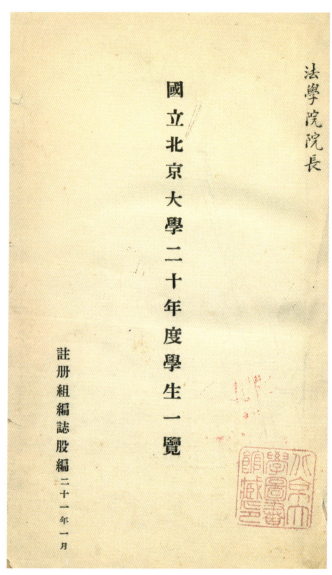

33 《国立北京大学二十年度学生一览》。

34　1930年任北京大学英国文学系教授的胡适。

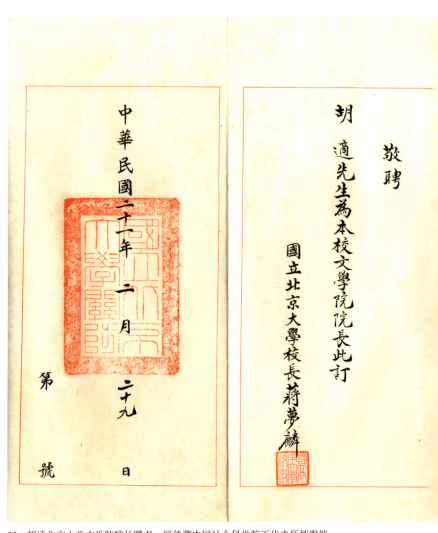

35　胡适北京大学文学院院长聘书。原件藏中国社会科学院近代史所档案馆。

36　1934年任北京大学文学院院长兼教育系主任的胡适。

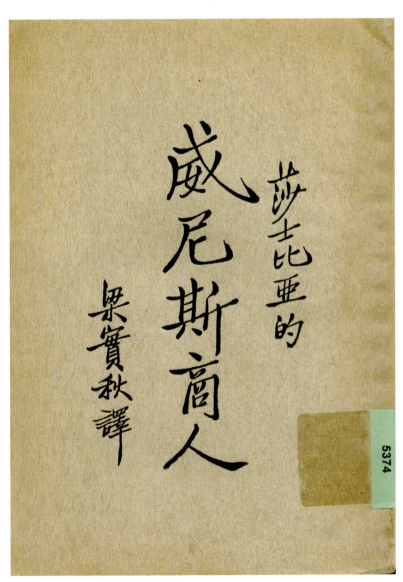

37　胡适为梁实秋译《威尼斯商人》题签。

38　1937年，胡适等与北大中文系当年毕业生合影。前排右起：唐兰、魏建功、郑天挺、胡适、罗常培、罗庸。

北大中兴的"参谋"与功臣（1930—1937）

国文学系的大改革在于淘汰掉一些最无用的旧人和一些最不相干的课程。此事还不很彻底，但再过一年，大概可以有较好的成绩。"

胡适兼任北大中国文学系主任后，对该系的发展走向也进行了思考。1934年2月14日，胡适翻检南下所记纸片，发现近年来中国公学毕业生中涌现出不少从事文艺创作的人，他在日记中说："此风气皆是陆侃如、冯沅君、沈从文、白薇诸人所开。北大国文系偏重考古，我在南方见陆侃如夫妇（图39）皆不看重学生试作文艺，始觉此风气之偏。从文在中公最受学生爱戴，久而不衰。（图40）大学之中国文学系当兼顾到三方面：历史的；欣赏与批评的；创作的。"

胡适任文学院院长期间，还对北大的新生考试制度的改革提出了新的建议。此事的起因是胡适在中国公学的学生吴晗转学北大没有成功，当时北大的规定是想转学得与新生一起参加入学考试，合格后再参加转学考试。吴晗参加入学考试没有通过，被北大拒之门外。（图41）胡适认为转学生单考转学的课程就可以。他还主张文、理科入学考试应有所偏重。据邓广铭回忆，胡适当时新定的考试成绩分布是：英语占40%，国文占30%，史地占20%，数学占10%。胡适还对一些有潜质的优秀考生采取通融的办法。1933年，沈从文的妻妹张充和报考北大，国文考了一百分，英文和史地也都及格了，但是数学却考了零分。胡适对于张充和的才华有所了解，于是想出一个变通办法，

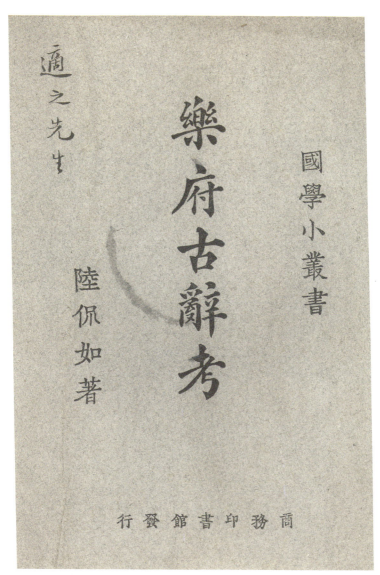

39　陆侃如题赠胡适《乐府古辞考》。

适之先生：

有本小书呈给您，作长篇来资。辛苦西南联大，这本小书就是他的毕业论文。近在清华研究院读了两年，研究论文题目是自批评。因来南昌，因为要习惯研究论文重新审视他的长家都是印象好批评。这是西南联大毕业学国文系中学生，得金甫一名二先生作批评比较（他本是外文系学生，文作批评比较）现在毛不频在昆明学校文系作论文又兼工作，不知生鼓励才转系。他目下只二十四岁，将来您能给他一点帮助没关系这三门学目下都是新的来我学生，因为一定会笔我，在传记和批评上都能写出特别好，人又极诚朴。专此并候安佳。

沈从文敬上 三月五日

40　1946年3月5日，沈从文致胡适。

41　吴晗题赠胡适《胡应麟年谱》。

先录取她为试读生，读完一年后，张充和的各科成绩都很好，就转为正式生了。（图42）

胡适在文学院院长任上的另一项改革是规定文科各系的新生都要必修科学概论、哲学概论和中国通史三门课。这三门公共必修课由系主任负责制定教学计划，按照每次课的内容邀请校内外著名学者担任。（图43）胡适本人担任了科学概论一课的"引论"和"结论"部分。其他部分则由各科教授主讲，如江泽涵等讲"数学方法论"，萨本栋等讲"物理学方法论"，曾昭抡讲"化学方法论"，丁文江讲"地质学方法论"，周炳琳讲"经济学方法论"等。科学概论一课对于拓展学生的学科视野，培养科学的思维和方法，起到了非常积极的作用，也体现了胡适一贯的教育理念和对北大培养具有广博学识的高层次人才的期望。（图44）

此时的胡适还为北大筹办研究院积极出谋划策。1935年5月3日，蒋梦麟致信胡适，请他召集各系主任商量办理研究院的事情。4日上午，胡适与北大物理系主任饶毓泰、化学系主任曾昭抡商谈研究院事。当天下午给蒋梦麟发去电报："研究所文科必须办文史，理科已与饶曾两君商过，数理化三部关系太深又须顾及主辅科，不应单开数学。鄙意北大办研究所，既不因此增预算，又原依慎重渐进方法，事属内部学术设施，教部不宜过于干涉。"（图45）当天下午，胡适又与傅斯年商讨研究院事。后来胡适出任北大文科研究所主任。1937年2月，胡适改

42　胡适为北大毕业纪念册题写"文学院"。

北京大學中國通史綱要

第一講 中國史之分期 傅斯年講

講義節目如下

一，論分期宜取一事或數事爲標準

二，論「地理」「經濟」等事皆不能爲中國史分期之標準

三，論以「民族運動」爲中國史分期之標準

四，根據上項之標準分判中國史之期別如下

    一，古世——周秦漢魏晉南朝

    二，中世——後魏後周隋唐五代宋

    三，近世——元明清

五，依上項之分代叙說中國史上，制度，文化，社會組織，人民生活等之變動，及外來影響之結果。

文　19　D　胡校

43　傅斯年等人主讲的中国通史纲要讲义大纲。

北京大學科學概論講義

第一講 科學方法引論 （胡適）

I. 向來"科學概論"一科太偏重一家之言，成爲一種科學的哲學，實際上多不是普通人所能了解。 此次設"科學概論"，重在請專家講解每一種科學的歷史的演變與方法的要點，要使學人明瞭各種科學的方法的意義。

II. 科學方法只是每一種科學治理其材料，解決其問題的方法。 科學門類繁多，然而有一個共同的精神，一種共同的性質，此共同之點即是他們的方法都是禁得起最嚴格的審查評判的。 一種科學所以能成爲科學（有條理系統的學問），都是因爲他的方法的謹嚴。 方法的細則雖因材料不同而有變通，然而千變萬化終不能改變其根本立場。 科學方法只是能使理智滿意的推論方法。 理智所以能滿意，無他玄妙，只是步步站在証據之上。

 I. 推論（inference）有三種：

  1. 從個體推知個體（比例的推論，analogy）

  2. 從個體推知通則（歸納的推論，induction）

  3. 從原則推知個體（演繹的推論，deduction）

IV. 在科學的推理上，這三種推論都用得着，很少時候只用一種推論方法，平常總是三種推論並用，時而比例，時而歸納，時而演繹。 往往是忽而演繹，忽而歸納，忽而又演繹。 但是一種科學必須有可以從原理推知個體事物的可能，方才成爲系統的知識。 故三種推論之中，演繹法的應用最廣。 然演繹的原理必須從歸納得來。

V. 推論只是亞里士多德說的"從我們所比較熟知的下手"；只是從已知推知未知。 朱熹說，"故凡天下之物，莫不因其已知之理而益窮之，以求至乎其極，"也是這個道理。 推論之得失全靠方法之是否精密。

VI. 科學方法的要點，只是"大胆的假設，小心的求證。"科學方法只是"假設"(Hypothesis) 與"證實"(Verification) 的符合。 古來論方法的哲學家，如亞里士多德（Aristotle）則太偏重演繹；如倍根（Bacon）與彌兒（Mill

— 1 —

文　144　D　趙校

44　胡适等人主讲的科学概论讲义大纲。

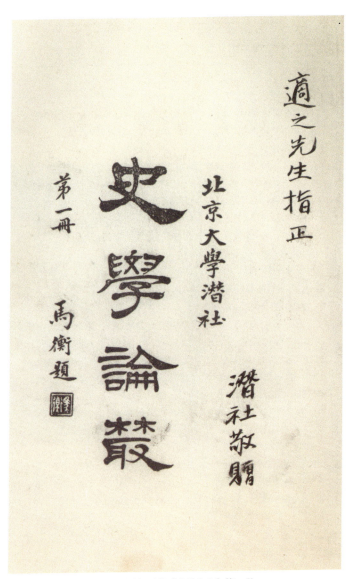

45　1934年北京大学潜社题赠胡适的《史学论丛》第一册。

定北大文学院与文科研究所预算大概。3月，胡适致信教育部长王世杰，为北大争取经费。（图46）

  胡适一直主张，北大的定位，应该是着眼于提高，而不是普及。1937年5月17日，他在给翁文灏的长信中，提出培养人才既要考虑国家当前需要，也要有长远的眼光。胡适认为，中央研究院、北大、中基会一类的机关，应该继续注重为国家培养基本需要的人才，不必赶在人前面去求眼前的"实用"。（图47、图48）

（四）教书与著述

  这一时期的胡适除了担任北大文学院院长，为北大中兴竭尽心力外，还担任中基会编译委员会主任委员，负责组织人员从事编译工作。加之1931年5月与丁文江、蒋廷黻等人发起出版《独立评论》，曾一人独立连续编辑五十余期。尽管如此忙碌，胡适还是努力做好教学与著述这一教授的本分之事。（图49）

  胡适这一时期在北大开设的课程主要有中国中古思想史、中国哲学史、中国近世思想史问题研究、中国文学史概要、中国文学史、中国文学史专题研究（与傅斯年、罗庸合开）、中国教育问题（与蒋梦麟合开）、传记专题实习等。（图50、图51）

  胡适这一时期最主要的著作，当属完成于1934年5月19日的近五万字的长篇论文《说儒》。胡适在《一九三四年的回适之兄：

这首演词颇足引起九外议者（自去纽约君言后）。我于数日前读到全文，甚以为常。欣然译出，寄君怡果所作，但无如有讹错，我欲乞都多师斯秦。现正待译全回。

介石侍讲全回。国际形势看起来并无大变之势。此为两方面之坚定立场，战事可能持续长期下去。国内情形此次财政困难一般可言都不好。倘善之所就不免原供求政法会议之召开。国内情形此兴之财政困难一至军力故仍前研讨所似对我刘取最高原行之政刑以做抵抗。

此无兄定全隐愈健康

弟世杰 二月十二日

46　1939年2月12日，王世杰致胡适。

遵之吾兄鉴顷接法国扣留我国经越出口矿产事前经外部电话向美国方面竟联协助谅已将大略情形奉告此事兹令已将二月底未解决特再将经过情形撮要奉达即希察照查我国矿产品出口自粤南失陷以逐即全赖海防一途此次桂南告急本会左途矿产品当即尽量设法抢入越境上年十二月初我国凶越钨锑计各三千余吨原拟于十二月二日海关出孟有一部份业已领得出证及领定船只乃因月九日海关忽奉令禁运钨矿出口其已发之出口证一律失效后李令禁运锑品出口能叠经本会驻越人员及河内总领馆向越方切实交涉放行六毫无果十二月十日海防市长 Massimi 经访本会驻越代表贝志翔君面达奉令勘查本会凶越钨

察洽再此事除對英比美三國外尚有對蘇聯關係最寶籌劃因供給我國大量軍械我國曾允該國每月運往相當數量之礦產於運轉數量內實有一部份待運蘇聯者在內此為我政府內定方針又為事實上所必需如果此物停止則影響抗戰力量至為重大凡此不便對他任意宣洩而為抗戰成功起見又須努力辦成甚盼鼎力協助隨時商洽進行此為級荷專此祗頌

勛祺

弟翁文灝敬啟 廿九年一月廿五

48 1940年1月25日，翁文灝致胡适。

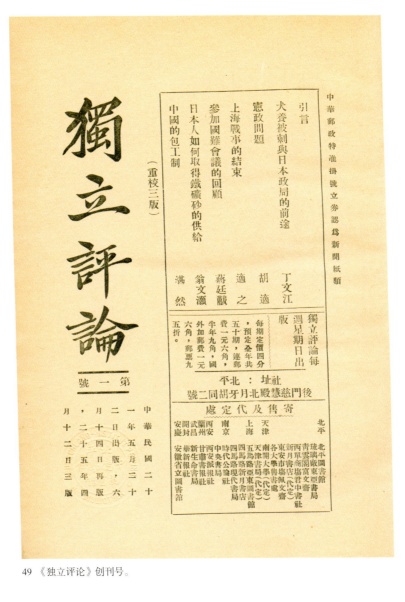

49 《独立评论》创刊号。

中國文學史選例

胡 適

卷一

一 卜辭

(1) 己卯卜，貞王賓祖己翌日，亡尤。
(2) 壬子卜，貞王田䰻，往來無災。
(3) 丁亥卜，貞今夕師亡尤，寧。
(4) 辛巳卜，貞今日不雨。
(5) 戊辰卜，及今夕雨？弗及今夕雨？
(6) 癸卯卜，今日雨。其自西來雨？其自東來雨？其自北來雨？其自南來雨？

（註）右諸例採自郭沫若的卜辭通纂。

50　胡适 1930 年代所编的北大教材《中国文学史选例》卷一。

中國文學史選例

胡適

卷五

（一）韓柳以前的古文

（１）魏徵 十漸疏

臣觀自古帝王，受圖定鼎，皆欲傳之萬代，貽厥孫謀。故其垂拱巖廊，布政天下，其語道也必先淳樸而抑浮華，其論人也必貴忠良而鄙邪佞，言制度也則絕奢糜而崇儉約，談物產也則重穀帛而賤珍奇。然受命之初，皆遵之以成治，稍安之後，多反之而敗俗。其故何哉？豈不以居萬乘之尊，有四海之富，出言而莫已逆，所為而人必從，公道漸於私情，禮節虧於嗜欲故也。語曰：非知之難，行之惟難；非行之難，終之斯難。斯言信矣。

伏惟陛下，年甫弱冠，大拯橫流，削平區宇，肇開帝業。貞觀之初，時方克壯，抑損嗜欲，

51　胡适1930年代所编的北大教材《中国文学史选例》卷五。

忆》中自我评价说:"这篇《说儒》的理论大概是可以成立的,这些理论的成立可以使中国古史研究起一个革命。"(图52)

胡适不仅积极提倡传记文学的写作,而且身体力行,他在上海居住期间即开始写《四十自述》,1930年3月开始在《新月》杂志上连载,(图53)最后一篇发表于1932年11月的《新月》第4卷第4期。1933年9月,上海亚东图书馆出版单行本。1933年12月3日,胡适又作《逼上梁山》,叙述文学革命的起因和演进,1954年《四十自述》在台湾再版时,收入此篇。胡适在《四十自述》的"自序"中说:"我的《四十自述》,只是我的'传记热'的一个小小的表现。"(图54)

此外,胡适于1933年为陈垣《元典章校补》作序,后改名《校勘学方法论》,载《国学季刊》。胡适在此文中主张打倒"活校",提倡"死校",提倡古本的搜求——意在重新奠定中国的校勘学。(图55)

1920年代至1930年代,学术界曾对老子的年代进行过热烈的讨论。胡适在1930年代初曾与钱穆、冯友兰等人进行过讨论,后来写成《评论近人考据〈老子〉年代的方法》一文。(图56、图57)

1931年12月13日,胡适完成又一篇中国古典小说考证文字——《醒世姻缘传考证》,考证该小说为蒲松龄所作。该文收入上海亚东图书馆标点本《醒世姻缘传》。(图58)

1933年6月18日,胡适在上海乘"日本皇后号"轮船

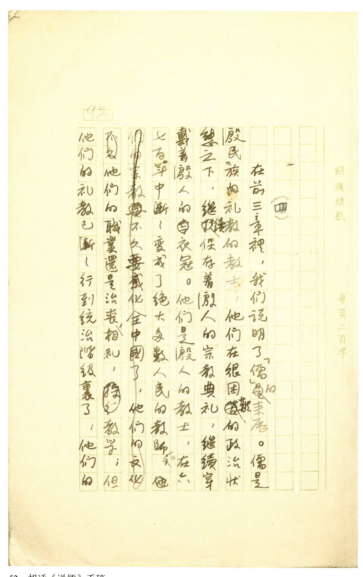

52　胡适《说儒》手稿。

我的母親的訂婚

—— 四十自述的一章 ——

胡 適

（一）

太子會（註一）是我們家鄉秋天最熱鬧的神會，但這一年的太子會却使許多人失望。神傘一隊過去了。都不過是本村各家的綾傘，沒有什麼新鮮花樣。去年大家都説，應有綢緞莊預備了一頂珍珠傘。因爲怕三先生説話，故今年他家不敢拿出來。

崑腔今年有四隊，總算不寂寞。崑腔子弟都穿着「半截長衫」，上身是白竹布，下半是湖色杭綢。每人小手指上掛着湘妃竹柄的小紈扇，吹唱時執扇垂在笙笛下面搖擺着。

扮戲今年有六齣，都是「正戲」，沒有一齣花旦戲。這也是三先生的主意。後村的子弟本來要扮一齣翠屏山，也因爲怕三先生説話，改了長坂坡。其實七月的日光底下，甘麋二夫人臉上的粉巳被汗洗光了，就有潘巧雲也不會怎樣特別出色。不過看會的人的心裏總覺得後村很漂亮的小棣沒有扮潘巧雲的機會，只扮作了糜夫人，未免太可惜了。

今年最掃興的是沒有扮戲的「抬閣」。後村的人早就糊好了兩架「抬閣」，一架是龍虎

53　胡适《四十自述》中的一章，发表于《新月》1930 年第 3 卷第 1 期。

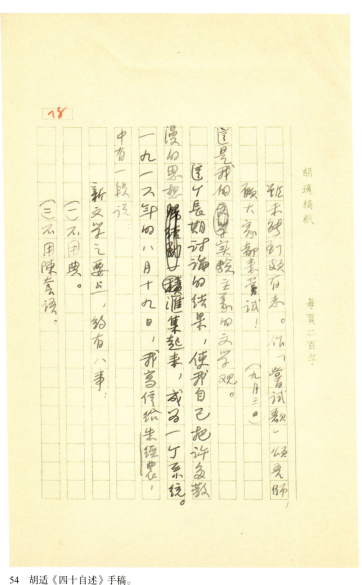

54　胡适《四十自述》手稿。

校勘學方法論
—序陳垣先生的元典章校補釋例—

胡 適

陳援菴先生(垣)在這二十多年之中,搜集了幾種很可寶貴的元典章鈔本,民國十四年故宮發見了元刻本,他和他的門人曾在民國十九年夏天用元刻本對校沈家本刻本,後來又用諸本互校,前後費時半年多,校得沈刻本譌誤衍脫顛倒之處凡一萬二千餘條,寫成元典章校補六卷,又補闕文三卷,改訂表格一卷(民國二十年北京大學研究所國學門刊行)。校補刊行之後,援菴先生又從這一萬二千多條錯誤之中,挑出一千多條,各依其所以致誤之由,分別類例,寫成元典章校補釋例六卷。我和援菴先生做了幾年的鄰舍,得讀釋例最早,得益也最多。他知道我愛讀他的書,所以要我寫一篇釋例的序。我也因為他這部書是中國校勘學的一部最重要的方法論,所以也不敢推辭。

* * * *

校勘之學起於文件傳寫的不易避免錯誤。文件越古,傳寫的次數越多,錯誤的機會也越多。校勘學的任務是要改正這些傳寫的錯誤,恢復一個文件的本來面目,或使他和原本相

*元典章校補釋例六卷,新會陳垣著,中央研究院歷史語言研究所專刊之一,定價二元。

(97)

---

55 胡适《校勘学方法论》,发表于《国学季刊》第4卷第3号。

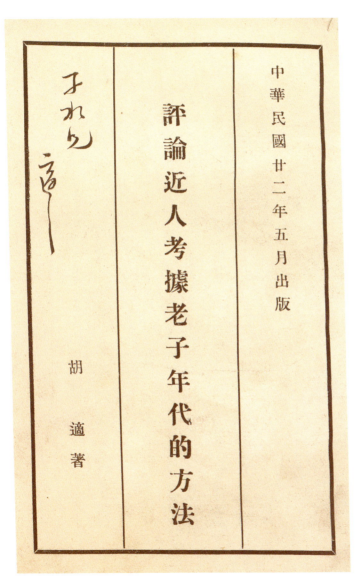

56　胡适题赠毛子水《评论近人考据〈老子〉年代的方法》。

A CRITICISM OF SOME RECENT METHODS USED IN DATING LAO TZŬ 老子 [1]

Hu Shih 胡適

PROFESSOR OF CHINESE LITERATURE AND DEAN OF THE COLLEGE OF LETTERS
PEKING NATIONAL UNIVERSITY

During the last ten years or so, several of our scholars whom I respect and admire have come to doubt seriously the date assigned to the man Lao tzŭ and the book which bears the title *Lao tzŭ*. I do not oppose this attitude of skepticism; I only wish that the skeptics could display sufficient evidence to make us consent willingly to the shifting of Lao tzŭ, or the book *Lao tzŭ*, to a later date. But up to the present I cannot concede that sufficient evidence has been advanced. In the plain words of Mr. Fêng Yu-lan 馮友蘭:

> "But my main idea is to call attention to this one point: i. e., of all the pieces of evidence that we have at present to prove that the book *Lao tzŭ* came out at a later date, each one of them, if cited singly, would be exposed, in logic, to the charge of 'begging the question.' But on grouping them together we see that the language and style of the book *Lao tzŭ*, the thought contained therein, and various other circumstantial evidence, all point to the fact that the *Lao tzŭ* appeared at a late date. This cannot be mere chance (*Ta Kung Pao* 大公報, June 8, 1931)."

This is just as if a judge were to tell the defendant on trial:

> All the pieces of evidence advanced by the plaintiff, cited singly, "would be exposed to the charge, in logic, of 'begging the question,'" but "grouped together," all the evidence points to your guilt, and "this cannot be mere chance." Therefore, this court hereby pronounces you guilty.

[p. 104] If one can clinch the arguments and close a case on the strength of miscellaneous evidence that would be "exposed to the charge, in logic, of 'begging the question,'" and if this is the kind of method used in investigating the date of Lao tzŭ, then I cannot but plead for Lao tzŭ and the book *Lao tzŭ* with a " Your

---

[1] [EDITORS' NOTE: Translated from Hu Shih, *Recent Essays on Learned Subjects* 論學近著, pt. 1, Commercial Press, Shanghai, 1935, pp. 103-127, under the direction of the editors. The essay was first published in *Chê-hsüeh lun ts'ung* 哲學論叢, No. 1, Peiping, 1933.]

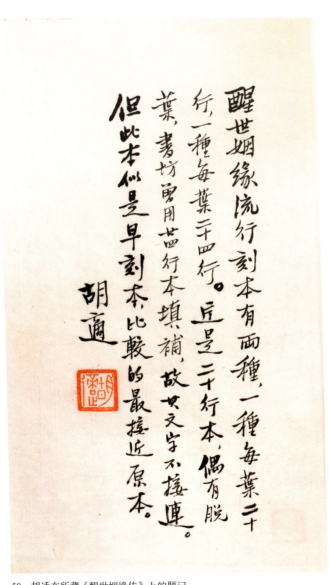

58　胡适在所藏《醒世姻缘传》上的题记。

启程赴美，7月，在芝加哥大学作了六次"中国文化的趋势"演讲。后演讲稿编辑成书，名为 The Chinese Renaissance（《中国的文艺复兴》）。（图59）

1935年1月，胡适到香港接受香港大学授予的法学名誉博士学位，这是胡适一生获得的35个荣誉博士学位中的第一个。胡适在香港应邀做了几次演讲，然后又到广东、广西各地游览演讲，胡适后来作有记录此行的《南游杂忆》。（图60）

1935年3月21日，胡适作《试评所谓"中国本位的文化建设"》，对于萨孟武、何炳松等十教授发表的《中国本位的文化建设宣言》提出批评，指出这是中体西用的最新式的化装出现。"他们的宣言也正是今日一般反动空气的一种最时髦的表现。"（图61）

1936年4月7日，胡适完成《颜李学派的程廷祚》一文。（图62）

（五）慧眼识英才

胡适在上海期间，经常把星期天的时间空出，接待来访者。江冬秀戏称为"做礼拜"。胡适到北平后，仍然坚持"做礼拜"，每周日上午九点到十二点接待来访的客人，其中不少慕名而来的年轻人，胡适很注意对他们的帮助和提携。（图63）

1931年，北大经济系学生千家驹以"一之"为笔名发表

59　芝加哥大学出版社出版的 *The Chinese Renaissance*。

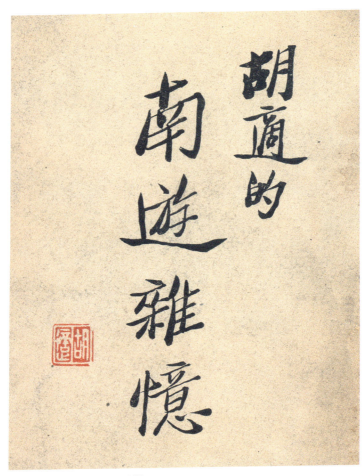

60　胡适《南游杂忆》封面题签。

試評所謂「中國本位的文化建設」

胡適

第二，我們竭力充實法律教育，使它成為各種科目中最謹嚴、最認真的一種，而不是現在那些背講義，考起來抄講義的教育。嚴格訓練出來的人往往有自尊心，有自信心，有不苟且心，他們自會循謹奉公，他們自是種立法治的根本，因為經過這種訓練後的出去做法官是不會馬虎的。

司法院成立之初便有「設立法官訓練所，監督法律學校」的建議，我們希望教育當局，不要再來提倡蔑視法律學科的心理，努力和司法當局通力合作，奠定我們法治的基礎！

二十四，三月三十一。

新年裏，薩孟武何炳松先生等十位教授發表的一個「中國本位的文化建設宣言」，在這兩三個月裏，很引起了國內人士的注意。我細讀這篇宣言，頗感覺失望，現在把我的一點愚見寫出來，請薩何諸先生指教，並請國內留意這問題的朋友們指教。

十教授在他們的宣言裏，曾表示他們不滿意於「洋務」「維新」時期的「中學為體西學為用」的見解。這是很可驚異的！因為他們的「中國本位的文化建設」正是「中學為體西學為用」的最新式的化裝出現。說話是全繞了，精神還是那位勸學篇的作者的精神。「根據中國本位」，不正是「中學為體」嗎？「採取批評態度，吸收其所當吸收」，不正是「西學為用」嗎？

我們在今日必須明白「維新」時代的領袖人物也不需全是盲目的抄襲，他們也正是要一種「中國本位的文化建設」。他們很不遲疑的「檢討過去」，指出八股，小腳，鴉片等等為「可詛咒的不良制度」；同時他們也指出孔教，三綱，五常等等為「可贊美的良好制度，偉大思想」。他們苦心苦口的提倡「維新」，也正如薩何諸先生們的理想，要「存其所當存，去其所當去」。

他們的失敗是薩何諸先生們在今日所應該引為鑒戒的。他們的失敗只是因為他們太捨不得那個他們心所欲出於破壞的成分，只是因為他們的主張裏含的保守的成分太多過口所不能言的「中國本位」。他們捨不得那個「中國本位」，所以他們的維新政綱到後來失敗了。到了辛亥革命成功

顏李學派的程廷祚

胡 適

此篇大體不錯。其中論綿莊中年以後態度顯變處，似偏重他的變節，可以改正。

材料大致不錯，編制可以改它。大概傳記部分可以改為簡單年譜，把□案件重要文件抽出留在下半篇。

陳援菴藏有綿莊與袁隨園札，可以採入。

適 卅一，十，十三夜

國立北京大學國學季刊五卷三號
抽印本

62　胡适在《颜李学派的程廷祚》抽印本上的题记。

63　1930年代,胡适接待暨南大学政经系毕业考察团后在米粮库四号寓所前留影。原件藏中国社科院近代史所档案馆。

《抵制日货史的考察与中国产业化问题》一文，（图64）胡适偶然看后非常欣赏，就向人打听千家驹的情况，后经吴晗介绍见面。胡适听说千家驹还没有工作，就主动介绍他到陶孟和主持的社会调查所工作。1934年，因千家驹家庭困难，胡适又主动介绍千家驹到北大经济系兼任讲师，当时北大经济系的主任赵迺抟因千家驹太年轻且思想左倾，不愿接受。后来由于胡适的坚持，千家驹于1935年开始兼任北大经济系讲师之职。千家驹后来成为著名经济学家。

胡适1930年底回北平时，邀请中国公学时的学生罗尔纲随行，做自己的助手和家庭教师。胡适对罗尔纲学术上的成长非常关切，罗尔纲在所著《师门辱教记》中有不少记载。（图65）1936年，胡适看到罗尔纲在《中央日报》上发表的文章《清代士大夫好利风气的由来》后，于6月23日写信对罗尔纲提出批评，认为这种文章做不得，这个题目根本就不成立。指出"名利之求，何代无之？"告诫他"有几分证据，说几分话"，"治史者可以作大胆的假设，然而决不能作无证据的概论"。（图66）

1936年上半年，胡适在北大文学史课上讲到《封神演义》，问班上同学关于作者的意见。史学系学生张政烺于6月8日写信给胡适，根据《传奇汇考》的资料，考证作者是明代的陆西星，字长庚。胡适6月10日复信，感谢张的考证，认为大概很可信，并告知准备把原信在《独立评论》上发表。（图67、图68）

抵制日貨史的攷察與中國產業化問題

一 抵制日貨史的攷察

自徒朝鮮人民因萬寶山事件而受日人之操縱與指使，發生巨大的排華事件以來，全國民眾旣痛華僑之無辜被害，更憤日人之狼子野心，愈益露骨，又舉行對日經濟絕交，作抵制仇貨最無辦法的消極方策。「抵貨」，本是弱國對付帝國主義者經濟侵略最無辦法的消極方策。如站在經濟原理上講，際此世界經濟關係日益重切，國際分工盛行的今日，抵貨是愈蠢而無用的。因為國際貿易的所以發生，乃由商品出產用費 Cost of Production 之不同，當一國某種商品出產用費小于他國時則輸出，反之，則輸入。由國出產用費之不同，故有比較利益 Comparative Advantage 之可言，假如日本產米十石，須用二十五日之工作，中國僅須二十日，則產米中國之出產用費低于日，產鐵則日本之出產用費低于中國之出產用費低于日，產鐵則日本之出產用費較廉。换言之，則產米中國之出產用費低于日本之米之出產用費而互相交易，則雙方各得利益。故日本輸入中國之米貨物而互相交易，則雙方各得利益。故日本輸入中國之米，而中國則輸入日本之鐵，兩方各得比較的利益，經濟學家為稱此如此比較利益（Comparative Cost），比較用費者，是比較國內出產各種貨品的費用，外貨之輸入，乃因本國用同樣的費用，不能出產同樣數量之貨物，反之，本國之輸出，也是因爲外貨較國貨如價廉物美，也是因爲外貨較國貨如價廉物美，也是無用的，縱有一二愛國志士願用國貨，但結果是無用的，縱有一二愛國志士願用國貨，但結果外貨仍能壓倒國貨。反之，如國貨較外貨爲低廉，則洋貨不待抵制而將自倒，還是純站在經濟理論的立場來說的。再站在革命的見地立論，中國民眾要想從日本帝國主義鐵蹄抵制日貨史的攷察與中國產業化問題

— 一 —

64　千家駒《抵制日货史的考察与中国产业化问题》，发表于《平等》1931 年第 1 卷第 7 期。

65　1945年12月13日，胡适在罗尔纲寄赠的《师门辱教记》封面上的题记。

66　1945年11月10日，罗尔纲在赠胡适《师门辱教记》扉页上的题记。

獨立評論 第二〇九號 封神演義的作者（通信）

封神演義的作者（通信）

適之先生道鑒：

本年以史學系功課甚忙，未獲隨李先生文學史課程，時以為憾。昨晚與同學李光璧君閒談，得悉先生近講晚世章回小說，對於封神演義作者究屬何人，曾詢同學如有意見可率附以對。學生謹案無名氏「傳奇彙攷」卷七「順天時〔　〕下云：

（正文兩欄，內容為軍事通訊報導，關於粵軍、桂軍、中央軍在湘、衡陽、郴州等地之行動情形，落款）

（六月二十八日）

張政烺

胡適

67　胡适与张政烺关于《封神演义》作者的通信，发表于《独立评论》1936年第209期。

獨立評論 第二〇九號 封神演義的作者（通信）

封神演義的作者（通信）

西星撰），無上玉皇心印經測疏，黃帝陰符經測疏，老子道德經元覽上下卷，魏伯陽周易參同契測疏三篇，周易參同契口義三篇，崔公入藥鏡測疏，呂真人百字碑測疏，張紫陽金丹印證測疏，鹿眉子金丹印證測疏，邱真人青天歌測疏，元廣論金丹就正三篇（陸西星測）。

可見其人嫺文辭，有逸才，習金丹真訣，迷於道術，而又不廢釋敎。故其南華副墨〔大旨謂南華祖述道德，又卽佛氏不二法門，蓋欲合老釋爲一家〕（四庫提要語，子部道家類存目）。其思想與封神演義之稱燃燈，慈航，接引道人；文殊，普賢，懼留爲元始弟子，混釋老爲一談，旣視道家而又不廢釋敎者，正合。以是頗疑演義卽西星所作。至於〔元〕〔明〕一字之差，或由筆誤，或傳聞異辭，皆爲可能。惟以更無它證，不敢遽爲斷言。西星著述雖夥，今多不傳。其方壺外史，似於近時某書目中見之，而印像模糊，不可蹤跡。又興化縣志所稱與陸氏同時之宗臣，有宗子相集。往者其邑人李審言（詳勸人與南華副墨同刻之（見國卅週報卷九第四十九期凌霄一士隨筆）。今李氏早卒，書未果刻。其中是否有與此相關之記載，亦不可尋矣。文獻無徵，疑難莫釋。謹書狂簡，

學生張政烺敬禀。六月八日。

☆ ☆ ☆

政烺同學：
謝謝你八日的信。

☆ ☆ ☆

這封信使我很高興，因爲前幾天孫子書先生把〔傳奇彙攷〕的一段鈔給我看，我不信〔元時道士〕之說，故顏不信此段記載。現在得你的考證，此書的作者是陸長庚，大概很可信了。

他的南華副墨有萬曆戊寅自序，戊寅爲萬曆六年（一五七八），其時已在吳承恩（生約當一五○○）近八十歲的時候了。西遊記必已流行。陸長庚大概從西遊記得着一種 Inspiration，就取坊間流行的〔武王伐紂書〕（全相平話本，與今存之列國志傳之第一册相同），放手改作，寫成這部封神演義。

我那天在講堂上曾說：封神改本所以大勝於原本，只是因爲作者是個小說家，能憑空揑造出一個閩太師來，就使紂方大大的生色。又造出一個申公豹來，從中挑撥是非，擾仙調怪，才有〔三十六路伐西岐〕的大熱鬧！

〔三十六路伐西岐〕似脫胎於西遊記的八十一難。封

著名宋史专家邓广铭先生在北大史学系读四年级时，选修了胡适的传记文学习作课，写成12万字的《陈龙川传》作为毕业论文，胡适给了95分，并写下评语："这是一本可读的新传记……写朱陈争辩王霸义利一章，曲尽双方思致，条理脉络都极清晰。"（图69）1936年，邓广铭北大毕业，傅斯年想请他到南京史语所工作，后来他听从胡适的建议，留校做文科研究所助教。（图70）次年春，邓广铭准备向中基会申请辛弃疾研究的经费，得到胡适的鼓励，胡适还约请陈寅恪为邓广铭写了专家推荐，使该项申请顺利通过。正是对辛弃疾的研究，奠定了邓广铭在中国史学界的地位。（图71）

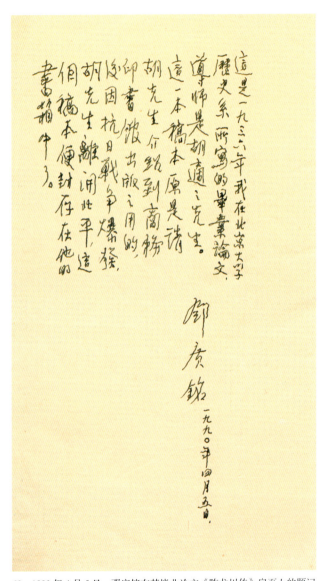

69　1990年4月5日，邓广铭在其毕业论文《陈龙川传》扉页上的题记。

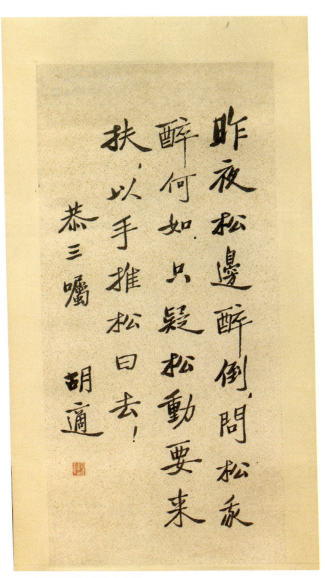

70　胡适书赠邓广铭辛弃疾词。

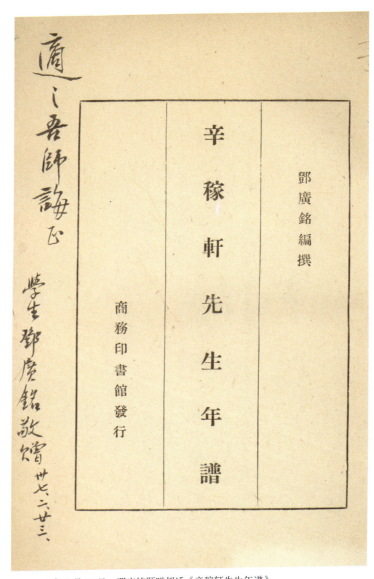

71　1948年2月23日，邓广铭题赠胡适《辛稼轩先生年谱》。

苦撑危局的北大校长（1946—1948）

1937年抗战全面爆发后，胡适于当年9月与钱端升等人到美国宣传中国抗战，争取美国的同情与支持。1938年至1942年，胡适任驻美大使，（图01）卸任后在美国从事《水经注》研究。（图02）

抗战胜利后，胡适于1945年9月被任命为北大校长，在回国之前，由傅斯年代理。（图03）

1946年7月初，胡适由美国回到上海，月底到北平。9月20日，正式接任北大校长，开始他在北大的第三个时期。（图04）

（一）北大转入正轨

胡适归国就任之前，傅斯年代理校长，对复员后的北大进行了大刀阔斧的整顿。（图05）胡适到北平后，于8月16日主持北大行政第一次会议，主要讨论了北大新建院系和教师聘任问题，决定在文学院下添设东方语言文学系，理学院的生物系分为两系：动物系和植物系，新建农、工、医三院。（图06）

适之兄：

久不与你通信了，笔懒多此，罪该万死。上月接来信，知你身体已好了些。球一年多来听说都好。西南联大彼此闹意见，闹得一塌糊涂，西南联大，彼此客气，但是因为客气不免有调纪废弛的坏结果。至让是美德，但是过了度，就会变成互弃职守。这学期是很期划。我是不相负责的，但是见了西此的互争之群，就感受下去了。

前个月我飞渝两次，第一次为全国教育会议，第二次为中基会开会。我这次来港，是为中基会开会，贡献些意见。大致是：用基金的美金、充实清华的大学。翳临走之我同一意见，赞成的书少有人，反对的恐必不免其他人，我也要试一下罢了。最好的朋友都赞成呢。本月八日飞机轰炸时，蒋姊的左腿失了一小时。蒋姊的右腿损失重不大。我定五月一日乘机由海防返长沙。国事你知道，恐怕比我多，就不谈了。该 你康健。

弟 梦麟 廿八年四月二十一日
香港山光道山光饭店

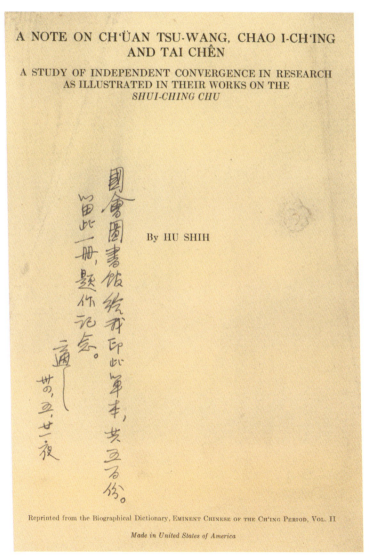

02 1945 年 5 月 21 日，胡适在所著关于《水经注》案的文章 A Note on Ch'üan Tsu-Wang，Chao I-Ch'ing and Tai Chên 抽印本上的题记。

03　胡适题赠傅斯年照片。

04　胡适任北大校长时期留影。原件藏中国社会科学院近代史所档案馆。

05　1938年6月20日，傅斯年致胡适。

平坦的海、军多州、这个地方、也有牛子击样、外好多了陇伯的欢感也有题也。

向遇上皇城的地理只与我们有大为利的。不退武汉不守、国败我们两个凡必退至武汉。又不再凡退至徐州对如何样、令帅们目下的向而实在是紧张。

这是最危险的一点。黑光军声不守、大别山也丢了周了。我与当晚随正改攻、攻、上事种种的主。

日废也不便行军、军队又金滞死绕了。又这山上有寄周家以将入淮、抗在较南一带、吃了一个不小的霹、军队又金溜死绕了。但着改的色与备死、实在中年间炸陷。这一次口自渡以毛西到起大事又通了。小鬼决口了。也决口之故是自樟帐似得日看好飞凯始在成收世多、国的也、过军汉战吋、中间在邦都菅为了五六天即白宽然。一切日塞直

孙的进乱成、顺为些追切了。行淹在徐池退卸跑很惨烈、使钊集束不停我们行传忠机会。次日未行军与川之戏川、未完怀绘也卸追绘他止达住但在徐夷既恨乱雨西这一了但子中军国旌不知数起已有。西南西山涂那

06　1948年，胡适（前排左八）出席泰戈尔绘画展的合影。前排左一为北大东语系主任季羡林，左三为朱光潜，左九为徐悲鸿。

胡适就任校长后,在他的主持下,经过多次协商讨论,聘任樊际昌为教务长,陈雪屏为训导长,郑天挺为总务长,汤用彤为文学院院长,饶毓泰为理学院院长,周炳琳为法学院院长,马文昭为医学院院长,俞大绂为农学院院长,马大猷为工学院院长。此外还完成了各系主任的聘任,胡适自兼国文系主任。至此,抗战回迁的北大经过傅斯年的整顿和胡适的调整,开始走上正轨。(图07~图10)

10月10日,胡适在北京大学开学典礼上发表演说,(图11、图12)他在分六个阶段回顾了北大的历史之后,对新北大提出希望:"希望教授、同学都能在学术思想、文化上尽最大的努力作最大的贡献,把北大作成一个像样的大学;更希望同学都能'独立研究',不以他人的思想为思想,他人的信仰为信仰。"(图13)胡适还说:"自由研究是北大一贯的作风。'自由'是学校给予师生的。'独立'则为创造的。"胡适还引用南宋吕祖谦"善未易明,理未易察"的名言,告诫北大学生要独立思考,不盲从。(图14)

(二)发展北大的梦想

胡适任北大校长期间,积极谋划北大的学科发展和教学条件的改善,但由于时局等原因,很多未能付诸实现。(图15)

胡适接手北大之初,曾向人表示,他很想把中文系某些教

07 樊际昌。

08 郑天挺。

09 饶毓泰。

10 周炳琳。

11—12　胡适任北大校长期间填写的履历卡片。原件藏中国社会科学院近代史所档案馆。

13 北平《经世日报》1946年10月11日第3版上刊登的胡适在北大开学典礼上的演说。

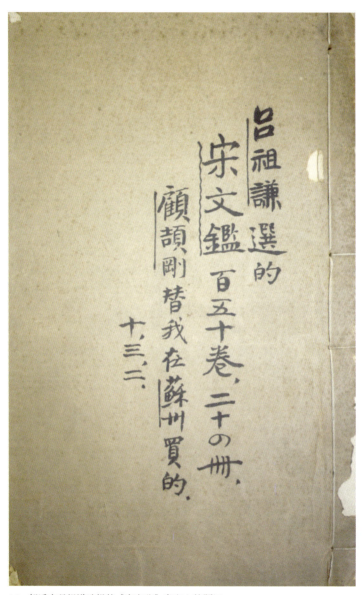

14　胡适在吕祖谦选辑的《宋文鉴》书衣上的题记。

15　1946 年 9 月 24 日，胡适题赠北大图书馆 *A Study of Chinese Paintings in the Collection of Ada Small Moore*。

师的繁琐考证风气加以扭转，使他们能做到他所主张的"大处着眼，小处入手"。（图16）史学系主任姚从吾任河南大学校长后，胡适曾想兼任史学系主任，以便对史学的研究方法有所改进，考虑到已经兼国文系主任，就由秘书长郑天挺兼任，（图17）自己则在史学系开了一门史学方法论的课程。由于胡适作为名人太过忙碌，他对北大国文系和史学系的改革设想没有得到充分实现。

胡适曾屡次向人说，蔡元培任北大校长期间，修建了红楼；蒋梦麟任北大校长期间，修建了图书馆；（图18）他在任期间也要为北大修建一座值得纪念的建筑，他想修建一座礼堂。后来胡适正式提出此议，与建筑学家梁思成商谈，并积极为此事筹措经费。可惜由于局势动荡，这个想法未能实现。

任北大校长后，胡适再度为争取经费殚精竭虑，除了教育部的经费，还积极争取中基会的支持。（图19）1947年3月14日，胡适在中基会年会上提出中基会与北大第二次合作议案，具体内容是：北大向中基会借美元三十万元，分两年支付，作为购买图书设备之用。北大每年付息五厘，由教育部担保，用美金付还。两年之后，分十五年还本。

胡适任北大校长期间在学科建设方面的一个重要计划就是物理系的发展和筹建原子物理研究中心。大约在1947年，胡适给当时的国防部长白崇禧和总参谋长陈诚写信说："我要提议在北京大学集中全国研究原子能的第一流物理学者，专心研究最

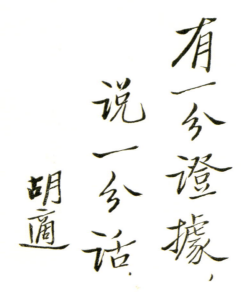

16　胡适为北大毕业纪念册题写"有一分证据,说一分话"。

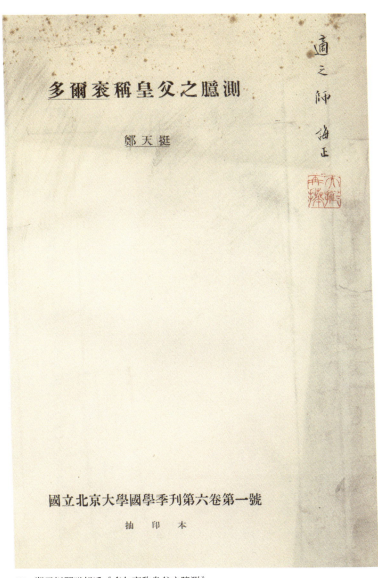

17　郑天挺题赠胡适《多尔衮称皇父之臆测》。

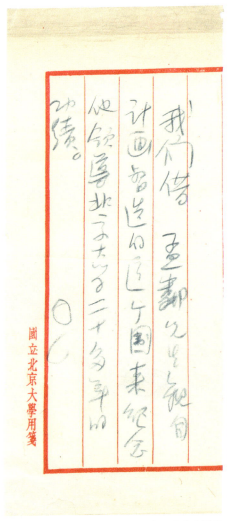

18　胡适手书便笺，约写于1935年8月北大图书馆新馆建成之时。

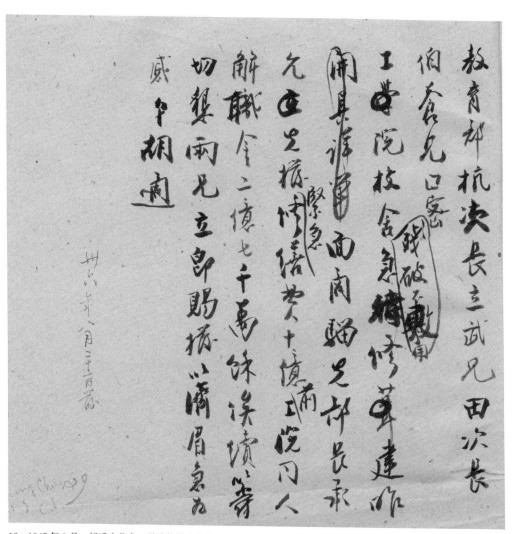

19　1947年8月，胡适为北大工学院修缮费等事致电教育部次长杭立武、田伯苍。原件藏北京大学档案馆。

新的物理学理论与实践，并训练青年学者，为国家将来国防工业之用。"胡适在信中开列了钱三强、何泽慧、胡宁、吴健雄、张文裕、张宗燧、吴大猷、马仕骏、袁家骝九人名单，（图20）并且说他们是"极全国之选"，并且都已经答应到北大。胡适说，"我们仔细考虑，决定把北大献给国家，作为原子物理的研究中心，人才罗致，由北大负责。但此项研究与实验，须有充分最新式设备，不能不请国家特别的补助"，因此申请于国防科学研究经费下拨五十万美元用于购买设备。1948年，北大曾得到中基会十万美元的资助，用于发展物理系，筹建原子物理研究中心，但这一宏伟的计划同样由于时局的原因未能实现。

（三）普及与提高

作为北大校长的胡适，对于北大和整个国家教育的发展都有很多设想和计划。在1946年12月的国民大会制宪会议上，胡适与朱经农等204人联名提出《教育文化应列为宪法专章》的提案，又与17位自由职业教育界国大代表联合提出建议书，请政府注意有关教育的重大问题，建议书开篇即指出："查教育为立国之本，亦为施行民主政治之基础。当今宪法正在制定之时，尤赖教育之普遍推行，以使人民有行宪与行使政权之能力。"建议书主要内容包括：延用专才，增进效率；敌伪产业，拨充经费；县教育局，提早恢复；奖励私校，予以补助；教员

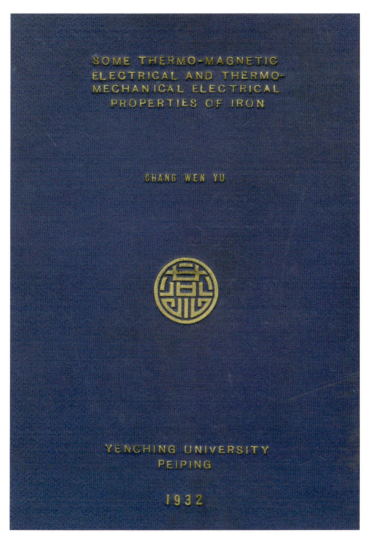
20　张文裕1932年燕京大学硕士毕业论文封面。

待遇，迅即提高；被占校舍，严令发还等。（图21、图22）

对于高等教育，胡适准备用数年的时间来使北大有所成就，并由此带动全国高等教育的发展。1947年9月18日，胡适写成《争取学术独立的十年计划》，发表于当年9月28日的《中央日报》。对于中国的大学教育，胡适主张走一条独立自主的道路。他说，国家经济力量不足，势难做到普遍提高教育经费。因此提议前五年预选五所大学（胡适认为具备条件的是北大、清华、浙大、武大、中大），给予充分经费，使其发展成为全国乃至全世界有名的大学。再过五年，再选择五所优秀国立大学，给予充分发展的机会。这样经过五年十年之后，中国可望有五所至十所设备完善、学术独立之真正大学。由于五所大学以外许多校长的反对，胡适的这个计划未能实现。（图23）

1947年3月起，胡适开始参与中央研究院院士的选举法起草以及人文组名单的推荐和院士候选人的确定等工作。1948年3月25日，胡适到南京参加中央研究院的评议会，3月27日，经过五次投票，评议会选出院士81人，胡适当选为人文组院士。9月23日，胡适出席中央研究院院士会议。（图24）

（四）《水经注》研究

任北大校长加上作为名人的各种社会活动，胡适的忙碌可想而知。即便如此，胡适仍然坚持教书与著述。胡适这一时

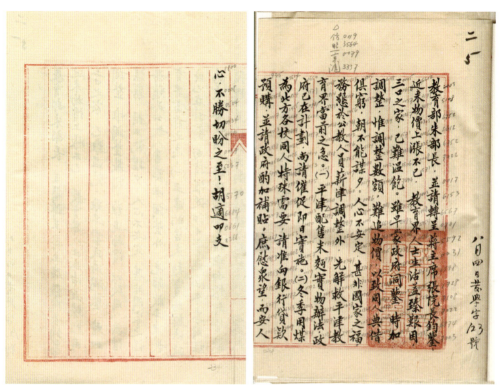

21—22　1947年8月4日，胡适为解决平津教育界生活危急致电教育部长朱家骅。原件藏北京大学档案馆。

23　《中央日报》1947年9月28日第2版上刊登的胡适《争取学术独立的十年计划》。

24 1948年9月,中央研究院第一次院士会议合影,前排右四为胡适。

期的研究主要集中在抗战期间在美国开始的《水经注》研究。（图 25～图 29）胡适归国后就开始注意收集各种《水经注》版本，在朋友们的帮助下，到 1946 年 9 月底，就已经收集到 20 种。此外，胡适还积极利用公私收藏，他借阅过藏书家傅增湘的《水经注》、瞿氏铁琴铜剑楼的明抄宋本《水经注》，也查阅过南京国学图书馆、商务印书馆、天津图书馆、上海合众图书馆等处收藏的《水经注》版本。胡适在给好友赵元任的信中说，自己有时候一天有七八个小时用在《水经注》上。胡适曾多次提及歌德遇到国家大患难就潜心研究一种离时局最远的学问的故事，他的《水经注》研究或许也有这种意味在。

（五）北大五十周年校庆

辽沈战役之后，人民解放军首次在人数上超过国民党军队。国统区货物奇缺，物价飞涨，人心惶惶，各地学潮不断，北平学生再度罢课，北大也有穷困学生排队请愿。在此艰难条件之下，胡适还是努力支撑残局，积极筹备北大的五十周年校庆。（图 30）

据《北京大学五十周年纪念一览》，当时北大为纪念建校五十周年准备举办的活动有很多，包括各种展览、实验室开放、学术演讲、出版纪念论文集等。（图 31）其中展览包括文科研究所展览、博物馆展览、敦煌展览、校史及已故教师遗著展览、

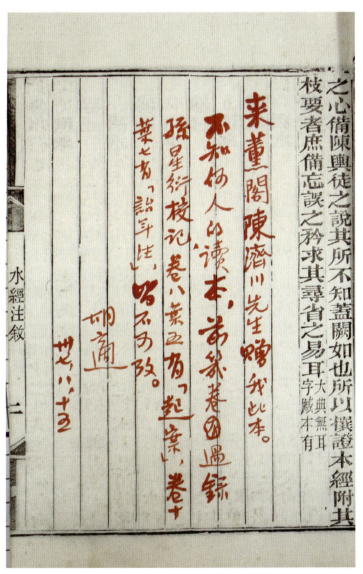

25　1948年8月15日，胡适在陈济川所赠《水经注》上的题记。

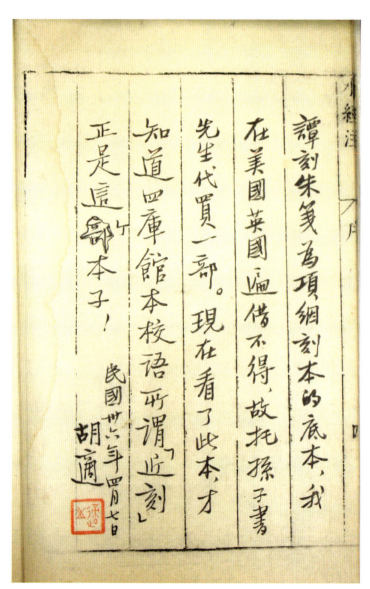

26　1947年4月7日，胡适在竟陵本《水经注》上的题记。

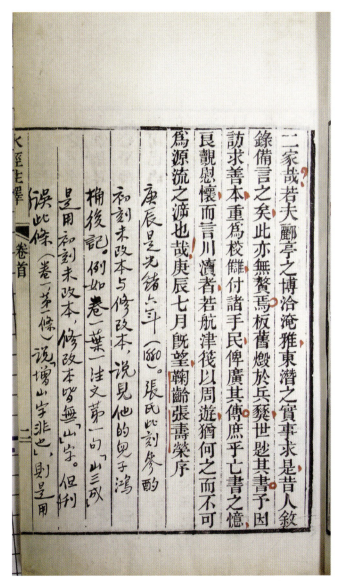

27　1948年6月22日，胡适在章寿康翻刻本赵一清《水经注释》上的题记。

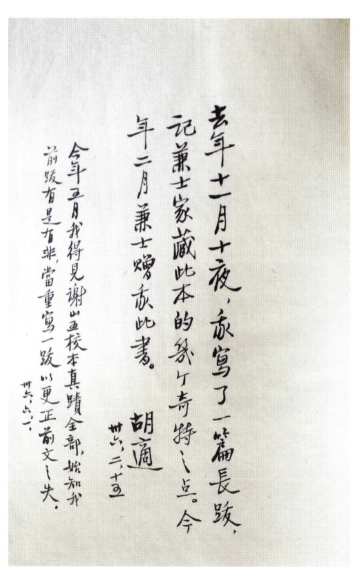

28　胡适在项氏群玉书堂刻本《水经注》扉页上的题记。

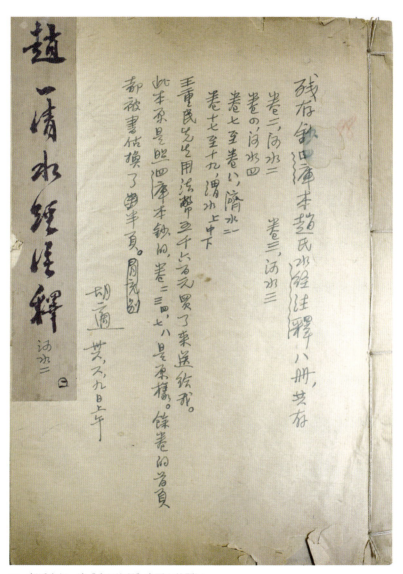

29　胡适在赵一清《水经注释》扉页上的题记。

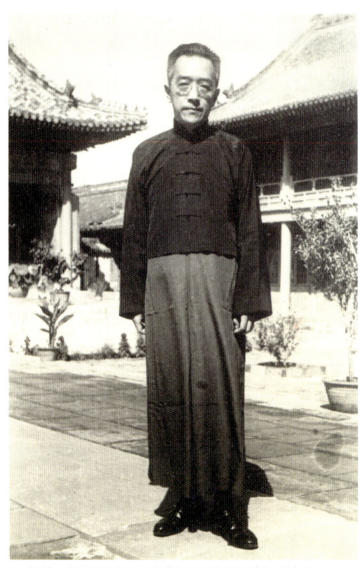

30　胡适任北大校长时期留影。原件藏中国社会科学院近代史所档案馆。

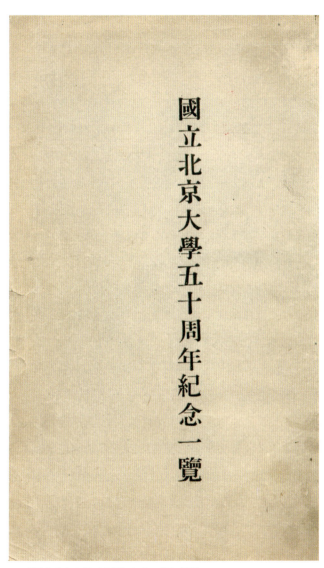

31 《国立北京大学五十周年纪念一览》封面。

图书展览、法科研究所展览、各院展览等；学术演讲主讲人有段学复、周培源、张青联、袁翰青、陈桢、裴文中、陈垣、陈寅恪、冯友兰、燕卜荪、钱端升、陈达等校内外著名学者。在校史展览的第三部分，展出了一些与胡适有关的资料，包括胡适的日记、《尝试集》初稿、初期白话诗稿印本、钱玄同书"胡适之寿酒米粮库"、胡适自美国致北大同人信札、胡适近照等。（图32～图34）图书展览一项，除了展出北大图书馆藏善本五百种外，还举办有胡适收藏和借阅各地图书馆的《水经注》的各种版本四十种，这些版本可谓集《水经注》刻本钞本校本之大成。（图35）此外，北大学生自治会将组织球类比赛、棋类比赛、自行车比赛、拔河比赛、话剧演出、"话家常"晚会等。整个五十周年的庆祝活动丰富多彩。胡适在《北京大学五十周年纪念特刊》所作的《北京大学五十周年》（图36、图37）中说："北京大学今年整五十岁了，在世界的大学之中，这个五十岁的大学只能算一个小孩子。""这个小弟弟年纪虽不大，着实有点志气！他在这区区五十年之中，已经过了许多次的大灾难，吃过了不少的苦头。"胡适历数了北大经历的艰难困苦，特别回忆了蒋梦麟任校长期间北大"国难六年中继续苦干"的往事。胡适最后说："现在我们又在很危险很艰苦的环境里给北大做五十岁生日，我用很沉重的心情叙述他多灾多难的历史，祝福他长寿康强，祝他能安全的渡过眼前的危难正如同他渡过五十年中许多次危难一样！"

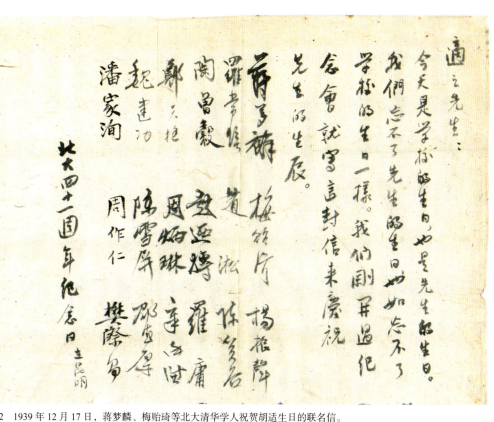

32　1939年12月17日，蒋梦麟、梅贻琦等北大清华学人祝贺胡适生日的联名信。

> I am glad to participate in tribute to my good friend Doctor Hu Shih, for I know of no one who has better represented all that is finest in the free peoples of China, and has interpreted China's underlying greatness to the peoples of this country —
>
> Franklin D Roosevelt
> Nov. 7 — 1942

33　1942年胡适卸任驻美大使后,赛珍珠等人曾请美国政要和文化教育界人士以书信的方式给胡适留言,汇集成册送给胡适。胡适任北大校长期间,将此书信集赠给北大图书馆。此为1942年11月7日,罗斯福总统写的留言。

34　胡适自制贺年卡。

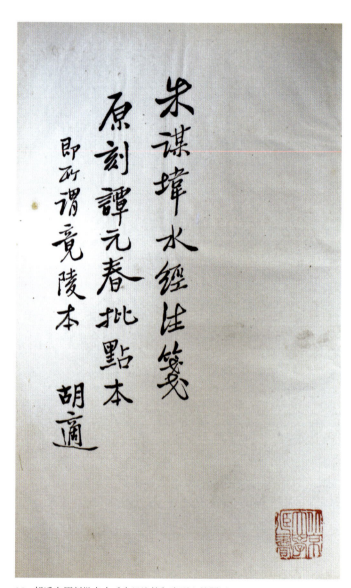

35 胡适在原刻批点本《水经注笺》扉页上的题记。

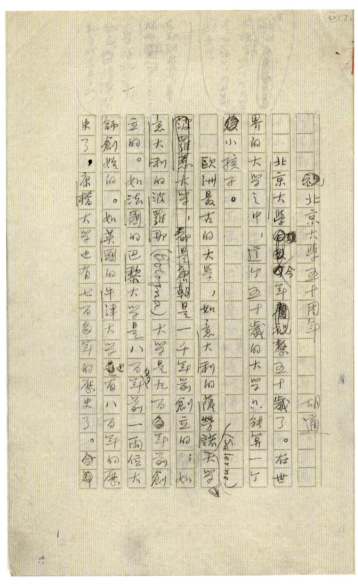

36　胡适《北京大学五十周年》手稿。原件藏北京大学档案馆。

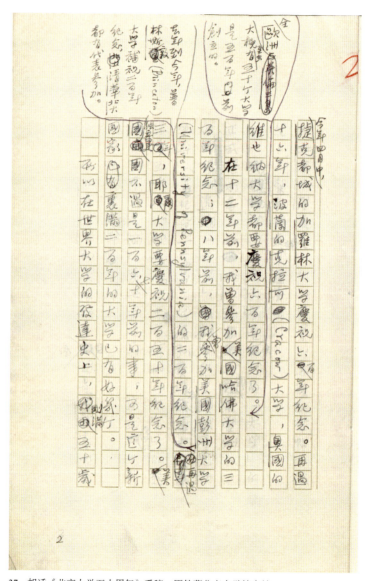

37　胡适《北京大学五十周年》手稿。原件藏北京大学档案馆。

随着局势的危急，当时北大还讨论过是否迁校的问题，胡适坚决反对迁校，说北京大学之所以为北京大学，是因为在北平，如果离开了北平，还能叫北京大学吗？然而，时局转变之快，多少有些出乎胡适意料，他没想到自己这个北大校长竟然来不及在北平庆祝北大五十周年校庆和自己的五十八周岁生日，也没想到原计划16日下午五时通过北大工学院实验电台发表"校庆前夕的感想"的演讲也来不及讲了。

1948年12月15日，胡适仓促飞离北平，也从此告别了北大。

"我虽在远,决不忘掉北大"

胡适飞离北平前,曾匆匆给汤用彤、郑天挺等北大负责人留下便条,表示"我虽在远,决不忘掉北大"。没有再回北大的胡适,确实总是牵挂着北大。(图01)

1948年12月17日,胡适在南京北大校友会举办的庆祝五十年校庆的大会上讲话,他说:"我绝对没有梦想到今天会在这里和诸位见面,我是一个弃职的逃兵,实在没有面子再在这里说话。"

1952年12月17日,胡适出席台北北大校友举办的北大五十四周年庆祝会,在演讲中,他回忆了北大在忧患中奋斗的历史。

1956年1月14日,胡适给北大地质系教授葛利普的妻子(葛利普的书记,自称是他的妻子)电汇去250美元,买下葛利普的最后著作《我们生活的世界》手稿。

1957年6月4日,胡适在纽约立下遗嘱,将留在大陆的102箱藏书和文件赠给北京大学。胡适藏书的主要部分现藏北京

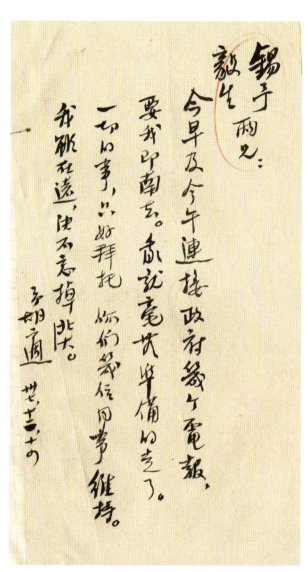

01　1948年12月14日，胡适飞离北平前，写给汤用彤、郑天挺的短笺。原件藏北京大学档案馆。

大学图书馆。（图02、图03）

1958年12月17日，胡适在台北北大校友举行的北大六十周年校庆会和为他祝寿的会上发表演说，回顾了蔡元培、蒋梦麟对北大的贡献，西南联大时期取得的成就。胡适指出，蔡元培任北大校长，最重要的贡献是树立了六项北大精神：高尚纯洁的精神、兼容并包的精神、合作互助的精神、发扬蹈厉的精神、独立自由的精神、实事求是的精神。（图04）

1960年12月26日，喜欢考据的胡适作了一篇关于北大的考证文章——《京师大学堂开办的日期——北大的校庆究竟该在那一天？》

1962年2月24日，胡适在台北逝世。（图05）

胡适在北大前后长达十八载，他没有给北大留下值得纪念的建筑，却留下了在多个学科具有开创性的著作，以及几万册珍贵的个人藏书。胡适在北大的管理和学科设置等方面的改革和谋划，在新文化运动中的领军地位，他为北大网罗的众多人才，以及他对北大青年才俊的爱护和提携，都为北京大学在民国时期成为学界翘楚和思想文化界的重镇做出了不可估量的贡献。胡适对于北大发展的定位，对于北大学子毕业后不要抛弃学问、要独立思考，不要盲从的劝诫，对于争取中国学术独立的前瞻性的谋划，以及他的"再造文明"之梦，对于今天的北大人来说，仍是一份值得回味和深思的丰富精神遗产；而他对于"北大"之所以"大"的追求，对于将汉学正统争取到北京的期待，仍将激励后来的北大人努力前行。

02　胡适藏书票与藏书章。

03　胡适藏书章。

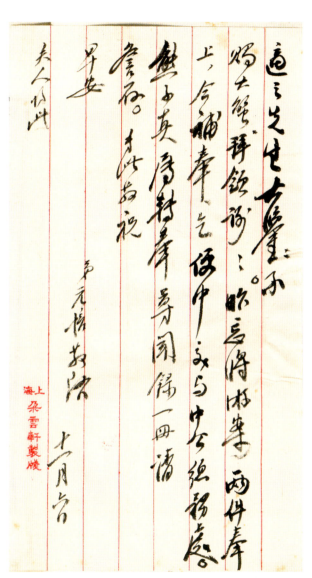

04　1930年11月6日，蔡元培致胡适，代转熊十力所赠《尊闻录》。

05　台北胡适墓园。

胡适生平著作年表

1891 年
12 月 17 日,生于上海大东门外程裕新茶栈。

1893 年
随母亲投奔在台湾任职的父亲胡传,先后在台南、台东居住。

1895 年
中日甲午战争爆发后,随母亲离台湾回上海,后回祖籍安徽绩溪上庄,入私塾读书,直到 1903 年。

1904 年
1 月,与邻县旌德江村的江冬秀订婚。
2 月,随三哥到上海,入梅溪学堂。

1905 年
改入澄衷学堂。
受《天演论》"物竞天择,适者生存"思想影响,由二哥为其取名"胡适",表字适之。

1906 年

考取中国公学。

1908 年

7 月，主编《竞业旬报》。
9 月，脱离中国公学，转入中国新公学，兼任低年级英文教员。

1909 年

中国新公学解散，到华童公学教国文。
8 月 26 日，翻译小说《国殇》载《安徽白话报》。

1910 年

7 月，考取庚款留美第二期官费生，正式开始使用"胡适"这一名字。
8 月 16 日，在上海搭乘"上海宫殿"号轮船赴美。
9 月 18 日，到达康奈尔大学，选读农科。

1911 年

5 月 11 日，作《诗三百篇言字解》。

1912 年

改入康奈尔大学文学院。
9 月 29 日，完成都德小说译作《割地》(《最后一课》)。

1914 年

1月，《非留学篇》载《留美学生年报》第三年本。

6月，与任鸿隽、赵元任等人发起成立"中国科学社"。获康奈尔大学文学士学位。

8月25日，译都德的《柏林之围》。

1915 年

暑假期间，与梅光迪、任鸿隽、杨铨、唐钺等留美学生讨论文学改良问题。

9月，入纽约哥伦比亚大学哲学系，师从杜威。

短篇小说译作《百愁门》载《留美学生季刊》秋季号。

1916 年

6月，去克利夫兰参加"第二次国际关系讨论会"，途经绮色佳，与任鸿隽、杨铨、唐钺讨论文学改良的具体办法。

8月22日，作第一首白话诗《蝴蝶》。

8月，在致朱经农的信中，提出新文学八事。

9月，短篇小说译作《决斗》载《新青年》第2卷第1号。

10月，致信陈独秀，提出"文学革命八条件"，不久写就《文学改良刍议》。

1917 年

1月,在《新青年》第 2 卷第 5 号上发表《文学改良刍议》。

3月,短篇小说译作《二渔夫》载《新青年》第 3 卷第 1 号。

4月,短篇小说译作《梅吕哀》载《新青年》第 3 卷第 2 号。

4月16日,写成《诸子不出于王官论》。

5月,通过博士学位最后口试。

6月,启程回国。

9月,到北京,任北京大学教授。

1918 年

3月,当选英文部教授会主任。

4月,在《新青年》第 4 卷第 4 号发表《建设的文学革命论》。

1919 年

2月,《中国哲学史大纲》卷上由上海商务印书馆出版。

9月,翻译的《短篇小说》第一集由上海亚东图书馆出版。

11月,写成《新思潮的意义》,提出"研究问题、输入学理、整理国故、再造文明"。

1920 年

3 月，白话诗集《尝试集》在上海亚东图书馆出版。
5 月，作《〈淮南子〉的哲学》。
8 月，与蒋梦麟、陶孟和、张慰慈、李大钊、高一涵等共同署名发表《争自由的宣言》。

1921 年

11 月，写成《〈红楼梦〉考证》改定稿。
12 月，《胡适文存》一集由上海亚东图书馆出版。

1922 年

1 月，《章实斋年谱》由商务印书馆出版。
3 月 3 日，作《五十年来中国之文学》。
4 月，当选北京大学教务长。
5 月 7 日，《努力周报》创刊。
5 月 14 日，与蔡元培、李大钊、王宠惠、罗文幹、梁漱溟、高一涵、丁文江等十六人联合署名发表《我们的政治主张》。

1923 年

1 月，主编的《国学季刊》第一号出版，发表"发刊宣言"。
3 月 28 日，作《读梁漱溟先生的〈东西文化及其哲学〉》。
4 月，南下养病。
11 月 17 日，作《科学与人生观》序。

1924 年

2 月 8 日，作《古史讨论的读后感》。

11 月，《胡适文存》二集由上海亚东图书馆出版。

1925 年

3 月，任"中英庚款顾问委员会"中方委员。

3 月 30 日，作《汉初儒道之争》。

8 月 13 日，《戴东原的哲学》完稿。

1926 年

6 月，作《我们对于西洋文明的态度》。

8 月，到达伦敦，参加中英庚款委员会议。

1927 年

初，到美国。

4 月，到哥伦比亚大学接受博士学位。

5 月，到达上海。

1928 年

4 月，任中国公学校长。

6 月，《白话文学史》卷上由上海新月书店出版。

1929 年

3 月，与徐志摩、梁实秋、罗隆基、叶公超、丁西林、潘光旦等人组织平社，从各方面研究"中国问题"。

4月—6月，先后在《新月》上发表《人权与约法》《知难行亦不易》《我们什么时候才可有宪法》三篇文章。
6月，担任中华文化教育基金会董事。
11月，写成《新文化运动与国民党》。

1930年

1月29日，作《菏泽大师神会传》。
5月，辞去中国公学校长之职。
7月，任中基会编译委员会主任委员。
9月，《胡适文存》三集由上海亚东图书馆出版。
10月，到北平，受聘为北京大学教授。
11月，举家迁回北平。

1931年

2月10日，再登北大讲坛。
10月20日，作《崔述年谱》。
12月，完成《〈醒世姻缘传〉考证》。

1932年

1月，《禅宗在中国之发展》英文稿载《中国社会政治学评论》第15卷第4期。
2月，任北京大学文学院院长。
5月19日，《中国中古思想小史》完稿。
5月22日，与丁文江、蒋廷黻、翁文灏、傅斯年、任鸿隽、陈衡哲、竹垚生、周炳琳等人发起的《独立评论》创刊。

1933 年

1月1日,改定《评论近人考据〈老子〉年代的方法》。
6月,启程赴美参加太平洋国际学会第五次大会。
9月,《四十自述》由上海亚东图书馆出版。
译《短篇小说》第二集由上海亚东图书馆出版。
12月,作《逼上梁山》,叙述文学革命的起因和演进。

1934 年

兼任北京大学中国文学系和哲学系主任。
2月,与唐擘黄合译的《哲学的改造》由商务印书馆出版。
5月19日,完成近五万字长文《说儒》。

1935 年

1月,赴香港接受香港大学法学名誉博士学位。
3月21日,作《试评所谓"中国本位的文化建设"》。
5月6日,作《个人自由与社会进步——再谈"五四"运动》。
9月,被推举为中央研究院第一届评议会评议员。
10月,《胡适的南游杂忆》,由上海国民出版社出版。

12月,《胡适论学近著》第一集由商务印书馆出版。

1936 年

4月7日,《颜李学派的程廷祚》完稿。

7月,从上海启程赴美,参加国际太平洋理事会。

8月,当选太平洋国际学会副主席。

9月,参加哈佛大学三百周年校庆,被授予名誉博士学位。

12月1日,回国。

1937 年

1月,《述陆贾的思想》收入当月出版的《张菊生先生七十生日纪念论文集》。

4月10日,作《日本霸权的衰落与太平洋的国际新形势》。

7月11日,到庐山,参加国民党第一期庐山谈话会。

8月17日,在南京参加国防参议会第一次会议。

9月,与钱端升赴美,宣传中国抗战。

1938 年

9月,被国民政府任命为驻美大使。

10月28日,觐见罗斯福总统,正式递交国书。

12月5日,因心脏病发作,住进纽约长老会医院。

1939 年

2月20日，出院。

4月，《藏晖室札记》由上海亚东图书馆出版。

6月6日，参加哥伦比亚大学毕业典礼，获荣誉法学博士学位。

1940 年

3月，美国对中国第二次借款，二千万元的滇锡借款正式对外发布。

10月，主持将"居然汉简"正式寄存美国国会图书馆。

1941 年

1月20日，出席罗斯福第三次任美国总统就职典礼。

1942 年

3月23日，在华盛顿作英文演讲《中国抗战也是要保护一种文化方式》。

9月11日，国民政府正式宣布免去驻美大使职务。卸任后移居纽约，从事著述。

1943 年

11月8日，因王重民的一封信，决定重审"《水经注》案"。

1944 年

完成《全祖望、赵一清和戴震注〈水经注〉之研究》英文稿。

11 月，开始在哈佛大学主讲中国思想史，为期八个月。

1945 年

9 月 6 日，被国民政府任命为国立北京大学校长。未回国前由傅斯年暂时代理。

1946 年

6 月 5 日，自纽约启程回国。

7 月 4 日，船到吴淞口。

7 月 29 日，到北平。

9 月 20 日，正式接任北京大学校长。

10 月 6 日，作《考据学的责任与方法》。

12 月，与朱经农等 204 人联名提出《教育文化应列为宪法专章》的提案。

1947 年

3 月 14 日，在中基会年会上提出中基会与北大第二次合作议案。

3 月 15 日，参加中研院评议会谈话会，商讨中研院院士选举法草案。

5 月 4 日，在《大公报》上发表《五四的第二十八周年》。

5月，与崔书琴、张佛泉等人发起成立"独立时论社"。

9月18日，写成《争取学术独立的十年计划》。

10月，到南京参加中研院院士选举筹备委员会，负责人文组审查会的召集。

1948年

3月，到南京参加中央研究院评议会，评议会选出院士八十一人，当选为人文组院士。

9月23日，出席中央研究院第一届院士会议。

9月，《胡适的时论》由上海六艺书局出版。

12月13日，作《北京大学五十周年》。

12月15日，飞离被围的北平。

1949年

3月，与黎锦熙、邓广铭合编《齐白石年谱》，由上海商务印书馆出版。

4月6日，自上海赴美。

6月21日，致电国民政府行政院长阎锡山，坚辞外交部长之职。

1950年

3月初，出席在华盛顿召开的"中基会"董事会会议，被推举为干事长。

9月，就任普林斯顿大学葛思德东方图书馆馆长。

1951年

6月，写成英文《我早期与葛思德东方图书馆的关系》。

1952年

2月，被联合国教科文组织聘为"世界人类科学文化编辑委员会"委员。
6月，普林斯顿大学葛思德东方图书馆馆长聘约期满，改任该馆荣誉主持人。
8月19日，写成英文《中国禅宗的历史和方法》。
11月，应台湾大学和台湾师范大学之邀赴台作学术演讲。

1953年

1月，由台湾返美。
7月4日，作《〈胡适文存〉四部合印本自序》。

1954年

4月13日，参加母校哥伦比亚大学二百周年纪念会，提交了《中国思想史上的怀疑精神》和《老子其人其书的时代考证》两篇论文。

1956 年

3 月 12 日，写成《丁文江的传记》。

9 月，在伯克利加州大学开始为期四个月的讲学。

1957 年

11 月 4 日，被任命为"中央研究院"院长。

12 月 31 日，作《〈胡适留学日记〉台北版自记》。

1958 年

4 月 8 日，飞抵台北。

4 月 10 日，就任"中央研究院"院长。

11 月 5 日，入住南港"中研院"新建寓所。

12 月 7 日，作《师门五年记》后记。

1959 年

1 月 30 日，拟定"国家长期科学计划委员会章程草案"。

2 月 1 日，主持"中研院"评议会与"教育部"联席会议，组成"国家长期发展科学委员会"，被推定为主席。

7 月 1 日，主持"中央研究院"第四次院士会议，选举出 1958 年和 1959 年两年度的院士九人，包括袁家骝、顾毓琇、凌纯声、杨联陞等。

7 月 3 日，与赵元任同赴夏威夷大学主办的"东西方哲学讨论会"第三次会议，并宣读"中国哲学里的科学精神与方法"。

11月29日，作"科学精神与科学方法"演讲，归纳为十四个字，就是"拿证据来"和"大胆的假设，小心的求证"。

1960 年

7月9日，从台北起程赴美参加"中美学术合作会议"，次日发表"中国的传统与将来"演说。

12月26日，作《京师大学堂开办的日期》。

1961 年

5月，作《康熙朝的杭州织造》。

11月6日，应美国国际开发总署的邀请，在"亚东区科学教育会议"开幕式上作"科学发展所需要的社会改革"主题演讲，再谈对东西文化的认识。中文稿刊出后遭围剿责难。

1962 年

2月24日，在"中研院"第五次院士会议上，因心脏病突发去世。

后　记

　　经过一年的努力,《胡适与北京大学》即将付梓。在本书的编辑过程中,编者得到很多机构和个人的支持和帮助。首先要感谢北京大学人文社会科学研究院在本书创意和图片版权获取方面的鼎力支持。北京大学图书馆、北京大学档案馆、中国社科院近代史所档案馆在资料方面给予了大力支持；北京大学邓小南教授、渠敬东教授，北大培文高秀芹老师、周彬老师、李冶威老师，北京大学图书馆吴政同老师，都给予了热心的帮助和指导，在此一并表示衷心的感谢！

编　者
2018 年 6 月